Hilde Anderegg Somaini

DER VERSCHLOSSENE UMSCHLAG
Lebensgeschichten erzählen und entschlüsseln

Bibliografische Information der Deutschen Nationalbibliothek
Die Deutsche Nationalbibliothek verzeichnet diese Publikation
in der Deutschen Nationalbibliografie; detaillierte bibliografische
Daten sind im Internet über http://dnb.d-nb.de abrufbar.

© 2014 Hilde Anderegg Somaini
Umschlagdesign, Satz, Herstellung und Verlag:
BoD – Books on Demand
ISBN 978-3-7322-0120-4

Inhalt

Vorwort: Lebensgeschichten erzählen und entschlüsseln   7

Sieben Geschichten, die das Leben schrieb   11
Der verschlossene Umschlag   13
Der Baldachin   26
Dehnen und Strecken   36
Die Entrümpelung   50
Der Schutzraum des Heiligen   59
La Strada   69
Die Lichtung   80

Reflexionen: Geschichten entschlüsseln   91
Martha Hüsgen-Adler: Dornröschen war ein schönes Kind   93
Ulrike und Matthias Sell: »Der Baldachin« als Beziehungsraum   101
Christine Morgenroth: Freundschaft, Körper, gesellschaftliche Umbrüche   106
Ulrich Elbing: Essayistische Resonanzen zur Entrümpelung   114
Georg Pelz: Wie hilfreich ein verlorener Schlüssel sein kann   117
Hans Brunner: La Strada – Per aspera ad astra   123
Ute und Heinrich Hagehülsmann: Begegnung   129

Epilog: Der erschlossene Umschlag	**133**
Literaturhinweise	**134**
Die Autorinnen und Autoren	**136**
Danksagung	**141**

Vorwort: Lebensgeschichten erzählen und entschlüsseln

Erzählen ist das halbe Leben. Erzählen von dem, was ich erfahren habe und was mir wichtig ist. Erzählen dürfen, statt erklären müssen – dies entspringt einem tiefen menschlichen Bedürfnis, der Suche nach Widerhall, nach jemandem, der zuhört und sich in seiner unmittelbaren Gegenwärtigkeit berühren lässt. Zu erzählen und über das Erzählte nachzudenken, mit einem offenen Gegenüber, ist Ausdruck einer wertschätzenden, ebenbürtigen Beziehungskultur. Doch in einer Epoche der zunehmenden Verwirtschaftlichung des Alltags erscheint die Zeit, die wir mit Erzählen von Geschehenem verbringen, dem Nachfühlen und Nachdenken darüber, mehr und mehr als verlorene Zeit. Die erzählte Zeit wird knapper, die erlebte Zeit dagegen ist im Begriff, uns zu überschwemmen. Vor diesem Hintergrund plädiere ich mit diesem Buch für eine bewusste Kultur des Erzählens und des Wiedererzählens in der menschlichen Beziehung, hin zu einem sinnhaften Ganzen, für einen Vorgang also, der sich allen modernen Medien zum Trotz seine elementare Kraft bewahrt hat.

Angesprochen sind interessierte Lernende, Lehrende und Praktizierende auf den Grundlagen der Transaktionsanalyse sowie Leserinnen und Leser, die dem Zusammengehören von Erzählen und Reflexion Bedeutung zumessen, um damit in der menschlichen Beziehung ein sinnhaftes Ganzes zu erfahren.

Das Mädchen in der ersten Geschichte berichtet seiner Mutter von einem schlimmen Erlebnis. Die Mutter zieht daraus eigene Konsequenzen, worauf die Geschichte des Mädchens einen unerwarteten Verlauf nimmt – ein spannungsgeladener Prozess. Im ersten Teil des Buches erzähle ich sieben solcher aus dem Leben gegriffener Geschehen. Sie handeln von Krisen oder problematischen Ereignissen, das heißt von Risiken und Gefahren, die der Hauptfigur im Leben widerfahren, persönlichen Beschädigungen – und zugleich Chancen, um zu Lösungswegen zu kommen. Manche Verletzungen, die dabei entstehen, bleiben bestehen und sind auszuhalten. Andere können durch therapeutische Hilfe geheilt werden. Manche Heilung übernimmt das Leben selbst. Die Geschichten sind von eigenen Erlebnissen inspiriert, auch wenn die Protagonistinnen andere Namen tragen. Die Ausschnitte sind persönlich gewichtet. Sie bilden nicht das wahre Leben ab, sondern eine mögliche Wirklichkeit. Alles könnte auch ganz anders (gewesen) sein.

Im zweiten Teil treten Co-Autorinnen und -Autoren auf den Plan. Sie greifen auf je eigene Weise die Geschichten auf, beleuchten sie in essayhafter Form und fügen zu ihrer Entschlüsselung etwas Eigenes hinzu. Die Erzählungen im ersten Teil »wissen« also noch nichts von dem, was im zweiten Teil des Buches aus ihnen wird – genauso wie wir nie wissen, welche Folgen unser Erleben für uns haben wird.

Die Co-Autoren sind erfahrene transaktionsanalytische Fachleute, die in der beraterischen Praxis, in Aus- und Weiterbildung und/oder wissenschaftlich tätig sind. Als Gemeinsamkeit nutzen sie die Transaktionsanalyse, sei es in psychoanalytischer, kommunikationspsychologischer oder systemischer Denkweise. Hierfür will das vorliegende Buch keine Methode liefern, sondern möglichst lebendige Beispiele geben.

Als Transaktionsanalytikerin habe ich in Lehre und Beratung über viele Jahre Gelegenheit gehabt, mich mit Fachkolleginnen und -kollegen auszutauschen. Für dieses Buch hatte ich somit die Qual der Wahl, neun meiner geschätzten Kolleginnen und Kollegen als Co-Autoren anzufragen. Der zweite Teil des Buches zeigt also die Diversität, in der Erzähltes mit und durch die Transaktionsanalyse betrachtet und ausgelegt werden kann.

Warum aber *ein verschlossener Umschlag?* Zunächst ist er das kleine, folgenreiche Skandalon in der titelgebenden Geschichte. Zum andern gleichen die allerersten, elementarsten und wichtigsten Geschichten, die wir im Leben erzählen, Briefen: Wir haben nur das weiße Papier vor uns, das uns zu antworten scheint, und mit der Zeit begreifen wir: Es ist das eigene Leben, das aus diesem Weiß zu uns spricht. Aber noch ist es kraus und scheinbar ungeordnet. Trotzdem erzählen wir weiter, wir schreiben den Brief, ohne an seine Versendung zu denken. Sobald wir ihn aber ins Couvert stecken, wird uns sein privater Charakter bewusst. Wir beginnen, über den möglichen Empfänger nachzudenken, und währenddessen kleben wir den Umschlag zu. Der verschlossene Umschlag markiert den entscheidenden Moment: Der Brief ist geschrieben, wurde aber noch nicht gelesen.

Wenn wir erzählen, vertrauen wir den Leser/-innen oder Zuhörer/-innen etwas an und hoffen darauf, dass sie es »lesen« können – dass sie wissen, wie der Umschlag geöffnet werden kann, ohne das Papier zu zerreißen, das Geheimnis des Mitteilens zu verraten. Dies ist ein intimer Akt. Er setzt Vertrauen voraus. Erzählende bauen darauf, dass die Empfänger der Geschichte sorgsam mit ihr umgehen. Die Lesenden wiederum bauen darauf, dass der Erzählende ihre Lesart annehmen kann, auch wenn diese zunächst dem widerspricht, was er ausdrücken wollte. Es kommt nicht von ungefähr, dass diese gegenseitige Verpflichtung einem Vertrag gleicht, wie er zwischen Beratenden und Ratsuchenden eingegangen wird. Denn auch im »Sprechzimmer«, im Beratungsraum, geht es zunächst und zur Hauptsache ums Erzählen und Zuhören, um Beleuchten und Kommentieren – darum, aus dem Erzählten jene Geschichte zu formen, die darin von langer Hand angelegt ist.

Sieben Geschichten, die das Leben schrieb

Der verschlossene Umschlag

Am besten, sie würde nicht mehr daran denken.
Isabelle war eben sieben Jahre alt. Ein aufgewecktes Kind mit offenem Blick. Ein Wunderfitz sei sie, sagte die Mutter, wenn sie mit anderen Erwachsenen über die jüngere ihrer beiden Töchter redete. Dunkelbraunes, kurz geschnittenes Haar, das Isabelle jeweils mit einem Handstrich hinter die Ohren zu bändigen versuchte, umrahmte ihre rehbraunen Augen. Sie hatte ein Grübchen in der rechten Wange, das etwas Besonderes sei, wie die Mutter betonte. Wenn sie lachte, entdeckte man ihre Zahnlücke zwischen den beiden Frontzähnen. Dieser Zwischenraum hatte den Vorteil, dass sie durch ihn hindurchpfeifen konnte, auch wenn sich das für ein Mädchen nicht schickte. Aber auch den Nachteil, dass sie etwas lispelte. Noch etwas anderes war ihr eigen: Isabelle hatte X-Beine. Dadurch schauten ihre Füße nicht geradeaus, sondern sie wandten sich einander zu. Man hätte das Mädchen mit einem Rehkitz vergleichen können, das noch etwas linkisch mit seinen langen Beinen erste Gehversuche übt. Doch ihre Ungelenkigkeit machte Isabelle mit einer schnellen Auffassungsgabe wieder wett. Sie besuchte seit einem halben Jahr die erste Stufe der Grundschule. Das Lernen bewältigte sie leichtfüßig, denn der meiste Schulstoff war ihr schon aus den Hausaufgaben ihrer zwei Jahre älteren Schwester vertraut. Da hatte sie zugeguckt und einfach spielerisch mitgelernt. Aber woran

sie wirklich interessiert war, schon seit Beginn der ersten Schulstunde, war Jorgos. Das Fremdländische an ihm zog sie an. Er kam aus Griechenland. Der Junge saß im Klassenzimmer zwei Bankreihen vor ihr zur linken Seite über dem Gang. Meistens sah sie ihn nur von hinten, sein Haar, seine Schultern, seinen Rücken. Doch wenn er sich etwas schräg in die Bank setzte, konnte sie sein Gesicht seitlich betrachten. Dunkle Augenbrauen, eine markante Nase, gebräunte Haut. Sie fand ihn toll. Doch wie sollte er das bloß merken? »Ich werde ihn heiraten«, so stellte sie es sich vor und war sich ihrer Entscheidung in diesen Momenten sicher. Die Möglichkeit, ihm einfach zu sagen, dass sie ihn auserwählt habe, verwarf sie wieder. Das traute sie sich nicht zu.

Dann ergab sich unversehens eine andere Gelegenheit. An diesem Sonntagnachmittag war Isabelles Vater zu Hause. Er war noch nicht lange von seinem Dienst aus dem Norden Deutschlands zurückgekehrt, wo er nach dem Krieg für die amerikanische Besatzungsmacht gearbeitet hatte. Bremerhaven hieß der Ort, an dem er als Übersetzer tätig gewesen war. Der Vater sprach, nebst der deutschen Sprache, fließend Englisch und Französisch und hatte auch etwas Russisch gelernt, wie er gerne betonte. Isabelle war stolz auf ihn. Von ihm hatte sie erfahren, dass sich auf der anderen Seite der Schweizer Grenze seit Neuestem ein »Kalter Krieg« abzeichne. Den stellte sie sich in eisiger Landschaft vor, in der alle Menschen vor Kälte schlotterten. Vater erzählte auch, dass die Amerikaner eine Luftbrücke zur Hauptstadt Deutschlands geschaffen hätten, um deren Bewohner, die von der übrigen Welt abgeschnitten wären, mit Lebensmitteln und Briketts zu versorgen. Sie stellte sich dazu eine Brücke aus Luft vor, die von Transportflugzeugen durchflogen wurde. Das Hungern kannte sie nur aus Märchen und Gesprächen der Erwachsenen, in Isabelles Familie dagegen gab es genug zu essen und die enge Dreizimmerwohnung war zentralbeheizt. Im Haus ihrer Großmutter hatte sie das Heizen mit Kohle erlebt, die dort im Keller gelagert, in Blecheimern in die Stube hinaufgeschleppt und da in den gusseisernen Ofen gekippt wurde. Noch etwas schilderte der Vater, das ihr großen Eindruck machte: Es gäbe dort »Rosinenbomber«, die vor ihrer Landung im Flughafen Tempelhof – der Name hatte für Isabelle etwas Friedliches – über der Stadt für die Kinder Schokolade abwarfen, die mit Schnüren an Taschentücher gebunden war. Da hätte sie gerne dabei sein wollen. Warten auf kleine Fallschirme am Himmel, mit denen Schokolade herunterschwebte – und das jeden Tag! Ja, das hätte sie gerne miterlebt. Wenn der Vater in der Stube an seinem Schreibtisch saß, zu dem außer ihm niemand Zugang hatte, und die Tasten der Schreibmaschine anschlug, konnte sie es von der Küche her klappern hören. Dann wusste sie, jetzt wollte er nicht gestört werden. Der Vater war auch im Kantonsrat tätig und im Vorstand der Knabenmusik der Stadt. Dafür gebe es viel Korrespondenz zu erledigen, wie er sagte, was im Widerspruch zu dem stand, was Mutter meinte. Sie sagte, er schreibe anderen Weibern, wenn er so stundenlang konzentriert an seiner geliebten Schreibmaschine der Marke Hermes Baby saß. Wenn er die Briefe zur Post brachte, meist samstags oder am frühen Sonntagabend, wenn er also den Hut nahm und ging, kam er erst um Mitternacht zurück, obwohl er nur zum Briefkasten hatte gehen wollen, wie er jeweils der Mutter versicherte oder manchmal auch nur abwesend vor sich hin brummte.

An diesem Sonntagnachmittag blieb die Türe zur Stube einen Spalt weit offen. Der Vater saß an seinem Schreibtisch, konzentriert wie gewohnt. Dann stand er auf, um die Balkontüre zu öffnen und seine Camel zu rauchen. Die hatte er, zusammen mit großen Mengen von Chewing-Gum, als Erinnerung an seine Tätigkeit in Deutschland mitgebracht. An den Zigaretten zog er oft mit nachdenklicher Miene, als würde er einen Ausflug machen in die noch nicht lang vergangene Zeit. Die amerikanischen Streifen-Kaugummis in verschiedenfarbigen Päckchen waren Mitbringsel für Isabelle und ihre Schwester gewesen. Sie erwiesen sich für die beiden Mädchen als wertvolle Tauschobjekte beim Einhandeln begehrenswerter Albumbildchen. Isabelle ergriff nun stracks die Zigarettenpause des Vaters als ihre Chance und stellte sich neben seinen Schreibtisch. Jetzt war der richtige Augenblick. Als der Vater sich umdrehte, fragte er sie: »Was gibt es denn, mein Kind?« – »Ich brauche Papier und einen Briefumschlag.« Der Vater lachte, gab der Siebenjährigen das Gewünschte und sagte: »Schreiben ist eine wunderbare Sache. Viel Spaß dabei.« Dann wandte er sich wieder seiner Hermes Baby zu. Isabelle war glücklich.

Sie ging in ihr Zimmer, das sie aus Platzgründen mit ihrer älteren Schwester teilte, setzte sich auf ihre Bettkante und überlegte, wie sie ihr Vorhaben am besten anpacken könnte. Es gab – ebenfalls aus Platzgründen – keinen Tisch in diesem Zimmer, hingegen je neben den beiden Betten zwei schmale Nachttische, eine Kommode und zwei Schränke für Bettzeug, Wäsche und Kleider der beiden Schwestern. Isabelle mochte ihren Nachttisch, der ja auch ein Tischmöbel war. Er gehörte nur ihr alleine und beherbergte eine Schublade, in der sie ganz persönliche Dinge aufbewahren konnte, ihr Eigenstes: eine Halskette aus jadegrünen Glasperlen, ein kornblaues Seidentüchlein – ein Geschenk von der Mutter, das noch nach ihr roch –, eine Ansichtskarte aus Amerika – geschickt von einer von Mutters Schwestern, die eine Stelle als Gouvernante bei reichen Leuten in Chicago angenommen und für ihre kleine Nichte spezielle Grüße beigefügt hatte –, außerdem ein Säckchen mit farbigen Murmeln aus Ton für das Wettspiel auf der Straße mit anderen Kindern. Auch hob sie in der Schublade eine Schachtel Farbstifte der Marke Caran d'Ache und romantische Albumbildchen aus vergangenen Zeiten liebevoll auf. Im unteren Fach des Möbelstücks stapelte sie ihre Lektüren. An der Innenwand lehnte ein großes Bilderbuch mit festem Kartondeckel, das noch aus ihrer Vorschulzeit stammte und auf der Titelseite den kleinen Däumling in der Hand eines Riesen zeigte. Ein dickes, sichtlich zerlesenes Märchenbuch der Gebrüder Grimm stand daneben, mit Kupferstichen illustriert und voller Geschichten wie »Schneeweißchen und Rosenrot«, »Frau Holle«, »Rotkäppchen«, »Aschenputtel« und »Dornröschen«. Das Buch stammte schon aus der Kinderzeit ihrer Mutter. Auch sie hatte Schneeweißchen und Rosenrot geliebt, auch sie mochte Frau Holle, Rotkäppchen und wie die Märchenfiguren alle hießen, die mit den Ängsten und Schrecknissen des Lebens irgendwie zurechtkommen mussten und deren Geschichten zum Schluss doch gut ausgingen.

Zu Isabelles Lesestoff gehörte auch ein farbig gezeichnetes Bibelheft, das Jesus verkündend und heilend zeigte. Daneben stand die Werbebroschüre eines Modeversandhauses. Und nochmals daneben folgte ein Poesiealbum mit goldenem

Schlüsselchen, das sie zum vergangenen Geburtstag geschenkt bekommen hatte. Isabelle griff nach dem großen Bilderbuch mit der Geschichte des kleinen Däumlings, die ihr nicht mehr so märchenhaft vorkam wie noch vor geraumer Zeit. Sie hob den großen Band aus dem Nachttischfach. Mit seinem festen Buchdeckel sollte er ihr als Unterlage für ihr Briefvorhaben dienen. Sie kramte in ihrer Schultasche nach einem Bleistift, während sie nach passenden Worten für Jorgos suchte. Wenn jetzt bloß niemand kam, denn sie wollte beim Schreiben nicht gestört werden, weder von ihrer zwei Jahre älteren Schwester, der sie das Buchstabenschreiben längst abgeschaut hatte, noch von der Mutter, die sie wohl gefragt hätte, was sie denn da zu schreiben habe. Dann setzte sie folgende Worte auf das leere weiße Papier:

»LIEBER JORGOS
DU BIST DER LIEBSTE«

Und sie malte ihren eigenen Namen darunter.
Sie war mächtig stolz, dass sie alle Buchstaben kannte, auch das J von Jorgos Namen und auch, dass man LIEBER mit »ie« schrieb, damit sich ein längeres I daraus bilden ließ. Auch das Fragezeichen wusste sie schon zu setzen, das ihr aber hier nicht passend schien. Das Aufregendste jedoch war nicht das Schreiben, sondern das Zukleben des mit der Zunge befeuchteten Briefumschlages, der nur für Jorgos bestimmt war, weshalb sie ihn mit Jorgos' Namen versah. Dann steckte sie den Umschlag in ihre Schultasche, um ihn am anderen Tag ihrem Schwarm zukommen zu lassen. Wie das gehen sollte, war ihr noch unklar.

Sie ging zu Fräulein Trachsel in die erste Klasse. Fräulein Trachsel war eine strenge Lehrerin, die den Rahmen des Erlaubten klar absteckte. Das häufige Maßregeln der Kinder gehörte zu ihrer wohlmeinenden erzieherischen Überzeugung. Besonders zu spüren bekamen es ihre Schüler in der Turnstunde, die sie auffällig oft abzubrechen pflegte oder gar im Vorfeld ganz strich, weil die Buben und Mädchen sich zu laut gebärdeten. Sie ließ nicht mit sich spaßen und eines war klar: Sie hatte das Sagen. Die Lehrerin, unverheiratet, jedoch schon älter, war groß und eher stämmig gewachsen. Eine stattliche Frau, die ihren Führungsanspruch unmissverständlich anmeldete. Spätestens wenn sie zu sprechen begann, wurde den Kindern deutlich, dass sie wusste, was richtig oder falsch, was erlaubt oder verboten, schicklich oder unschicklich war. An diesem Montag hätte das Turnen in der letzten Nachmittagsstunde stattfinden sollen. Jedoch auch dieses Mal waren ihr die Kinder zu geräuschvoll gewesen, so dass sich Fräulein Trachsel anstelle des Turnens im Klassenzimmer für eine weitere Rechenlektion entschied. Isabelle konnte bei diesen arithmetischen Übungen mit ebensolcher Leichtigkeit mithalten wie beim Schreiben, denn sie hatte auch einfaches Rechnen von ihrer älteren Schwester aufgeschnappt.
An diesem Montagnachmittag war Jorgos einer der Ersten, der Fräulein Trachsel seine Resultate vorlegte. Das hieß, dass er bereits etwas früher nach Hause gehen konnte, der Schulglocke vorauseilend. Kaum hatte die Lehrerin ihr rotes Korrekturzeichen unter die fertigen Rechnungen in sein Heft gesetzt, nahm er mit Schwung seine Schultasche und fegte davon, während Isabelle noch in der Reihe vor dem Pult der Lehrerin stand.

Sie trug den Briefumschlag noch immer bei sich. Ihn Jorgos zu übergeben, hatte sie sich nicht getraut. Dann bekam endlich auch sie von der Lehrerin ein rotes Häkchen ins Rechenheft gesetzt. Beim Einpacken der Schultasche nahm sie den verschlossenen Umschlag und legte ihn möglichst unauffällig in Jorgos' Pultfach. Sie ging davon aus, dass er den Brief morgen vor Unterrichtsbeginn finden würde. Die als Strafe gedachten Rechnungsaufgaben bereits vergessend, trieb sie leicht wie eine weiße Wolke nach Hause, erwartungsvoll, wie Jorgos seine Nachricht wohl aufnehmen würde.

Als Isabelle am andern Tag das Schulzimmer betrat, schaute sie zuerst nach Jorgos' Pultfach. Der Brief lag nicht mehr dort. Isabelle wurde unsicher. Die Lehrerin saß bereits vorne an ihrem Pult. War das der Fall, hatte man an sie heranzutreten, um sie zu begrüßen. Ihr Händedruck kam Isabelle immer etwas stark vor, doch dieses Mal schien er ihr besonders streng. Sie setzte sich an ihr Pult, packte ihre Schulsachen aus und schaute nach vorne zu Jorgos. Auch er war jetzt damit beschäftigt, sich für den Unterricht einzurichten, und klaubte das Schulzeug aus seiner Tasche. Wo war der Brief? Kurz darauf erhob sich Fräulein Trachsel und stellte sich vor die Klasse. Die Kinder verstummten und richteten ihre Aufmerksamkeit auf sie. Isabelle traute ihren Augen nicht. Die Lehrerin schwenkte ihren Briefumschlag durch die Luft. Sie nahm den Brief aus dem Umschlag, der bereits geöffnet war, und las der Klasse mit spitzem Mund seine intime Botschaft vor. Danach zerriss sie Brief und Umschlag so heftig, dass das dabei entstehende Geräusch deutlich zu hören war, und stellte klar, dass so etwas keinesfalls in die Schule gehöre. Anschließend ließ sie die Papierfetzen feierlich in den Papierkorb neben ihrem Pult flattern.

Die Klasse grinste. Jorgos lächelte verlegen. Isabelle wollte im Boden versinken. Doch das ging nicht. So hielt sie stand und schämte sich still für etwas, von dem sie noch nicht begriffen hatte, was es war. Ihr flimmerte vor den Augen. Dann war der schreckliche Moment vorbei. Der Unterricht begann. Der Morgen nahm seinen Lauf.

Bestürzt lief Isabelle nach Schulschluss heim und berichtete ihrer Mutter, was vorgefallen war. Im Erzählen konnte sie endlich weinen. Die Mutter fand das alles nicht weiter schlimm. Sie sagte bloß: »Lass es einfach.« Und Isabelle beruhigte sich. Es konnte nicht so schlimm sein, wenn es die Mutter so sah. In der Folge wich sie Jorgos aus, wie auch er ihr aus dem Weg ging, und es schien bald Gras über die Sache gewachsen zu sein.

Drei Monate waren vergangen. Es war kälter geworden. Der November brachte bereits die ersten Schneeflocken. In dieser Jahreszeit saß Mutter abends am Herd, strickte oder las den städtischen Gratisanzeiger. Isabelle interessierte sich für Mutters Lektüre, auch um ihre Bettzeit noch etwas hinauszuschieben. In der letzten Zeit griff Mutter öfters Berichte zu einem eisernen Vorhang auf, der sich an der russischen Grenze im Osten befinde. Isabelle stellte ihn sich als eine sehr viel größere Version jenes roten Samtvorhangs im Kinotheater am Stadtrand vor, wo sie schon einmal an einer Filmveranstaltung eines Waschmittelherstellers hatte teilnehmen dürfen. In einer Werbeveranstaltung über bevorzugtes Waschen mit den Marken Radion und Persil war als Hauptvorführung ein Laurel-und-Hardy-Film gezeigt worden, der Isabelle jedoch nicht zum Lachen brachte. Der eiserne Vorhang, so phantasierte sie, müsse schrecklich metallisch scheppern, wenn er sich denn überhaupt hob. Er schien aber gar nicht aufzugehen. Das hatte etwas beklemmend Bedrohliches, denn so wusste man ja nicht, was sich auf der Bühne dahinter abspielte. Klar war nur, dass die Mutter sich vor dieser eisernen Verschlossenheit fürchtete. Sie sagte, wenn die Russen kämen, wäre dies das Schlimmste, was ihnen irgend passieren könne. Isabelle fühlte sich sicher in ihrer Familie und war überzeugt, dass die gefährliche Welt weit weg von ihr sei.

Der Dezember zog mit eisigen Winden ein.
Zur Nikolauszeit kam der Weihnachtsmann mit seinem Gehilfen auch zu Isabelles Familie. Man hörte ihn die Treppe hinauf zum dritten Stock des Wohnblocks stapfen. Er klopfte mit Urkraft an die Wohnungstüre. Sein Glöckchen klingelte hell. Die Mutter öffnete. Zugleich kam der Vater von auswärts hergeeilt, jeweils einen Tritt der Stiegen im Treppenhaus überspringend, gerade noch rechtzeitig, um den Nikolaus und seinen Gehilfen zu begrüßen. Zusammen mit seiner Frau stellte er sich hinter Isabelle und ihre ältere Schwester, bereit für die Botschaften, die der besondere Gast zu verkünden hatte. Es war kein gewöhnlicher Nikolaus. So, wie er aussah, hätte er der höchste Würdenträger aller Weihnachtsmänner sein können: Er trug ein prunkvoll besticktes Gewand mit weiten Ärmeln. Um seine Schultern herum lag eine Stola mit aufgesteppten Blumenornamenten. Sein gepflegter weißer, langer Bart verlieh ihm Würde und Respekt. Auf dem Kopf thronte ein goldener Bischofshut, der ihm

unantastbare Wichtigkeit verlieh. Mit der linken Hand umfasste er einen goldenen Hirtenstab, der bis hoch hinauf zur Spitze seiner Kopfbedeckung reichte. Unter dem rechten Arm trug er ein dickes, goldenes Buch, das er nach der feierlichen Eröffnung des Grundes seines Besuchs ebenso feierlich aufschlug. Sein Gehilfe stand an seiner Seite, gehüllt in eine lange schwarze Pelerine. Er hielt sein Gesicht tief in einer Kapuze verborgen, bewegte seine Rute gemessen mit dem rechten Arm auf und ab und nickte dazu leicht mit dem Kopf, wie es Isabelle vom Negerlein aus der Sonntagsschule her kannte, der Spendefigur, der man dafür ein 20-Rappen-Stück einwerfen musste.

Dann war es so weit. Der bischöfliche Nikolaus bat Isabelles Schwester, als Erste vorzutreten. Gutes hatte er über sie zu berichten, doch auch, eher beiläufig, dass sie der Mutter trotz schulischer Interessen mehr im Haushalt helfen solle. Die ältere Schwester trug ein langes Gedicht vor und der Nikolaus war sichtlich zufrieden. Nun war Isabelle dran, einen Schritt vorzutreten. Sich räuspernd, begann der Nikolaus aus seinem goldenen Buch vorzulesen. Isabelle ahnte Ungutes. »Du bist ein liebes, kluges Mädchen«, sagte er. »In meinem Buch steht, dass du deiner Mutter hilfreich zur Seite stehst und schon viel weißt in der Schule. Kannst du denn auch ein Verslein?« Isabelle sprudelte blitzartig hervor: »Samichlaus, du liebe Maa, gäll i muess kei Ruete ha.« – »Nein, das musst du nicht«, bemerkte dieser, ihr gütig zugewandt. Dann schaute er wieder in sein goldenes Buch, ein Lesezeichen elegant zwischen die Finger geschoben, und blätterte die Seite um. Ein rubinroter Stein glänzte an seinem Ringfinger. Der Gehilfe fuhr fort, unter seiner Kapuze mit dem Kopf zu wippen. Die Rute hielt er in Bewegung.

»Da steht auch, dass du in der Schule einen Schatzbrief geschrieben hast. Stimmt das?« Dabei wippte auch der Nikolaus mit seinem bischöflichen Hut. Isabelle presste ihren Mund zusammen und nickte verlegen.

»Dafür ist die Schule nicht da. Ich sage dir, dass man das nicht tut.« Isabelle spürte, wie ihr die Knie weich wurden. Sie drohte einzusinken. Am liebsten hätte sie sich aufgelöst. »Einfach nur vom Erdboden verschwinden!«, dachte sie. Weshalb sagte ihr Vater nicht, dass er Schreiben eine wunderbare Sache fände? Weshalb erwähnte die Mutter nicht, dass das weiter nicht so schlimm gewesen sei? Weshalb blieb ihre ältere Schwester abgerückt neben ihr stehen? Weshalb bekam sie von nirgendwoher Hilfe? Was der Nikolaus weiter aus seinem Buch vorlas, hörte sie nicht mehr. Der Gehilfe leerte seinen Sack auf den Boden. Doch Isabelle war außerstande, die Nüsse, Mandarinen, Lebkuchen und die Zimtsterne, die sie besonders mochte, einzusammeln. Die Mutter tat es an ihrer Stelle, zusammen mit der Schwester, und gab ihr ihren Anteil. Isabelle blieb stumm. Noch nie hatte sie sich so alleine gefühlt. Sie war überzeugt, dass irgendetwas mit ihr nicht richtig sei. Die anderen verstanden sie nicht, die Welt war ungerecht. Darum fasste sie einen Entschluss: Sie würde nie wieder einen Liebesbrief schreiben. In ihrem ganzen Leben nicht!

Der Nikolaus und sein Gehilfe zogen weiter. Auch der Vater ging kurz darauf nochmals weg. Die Mutter räumte die Stube auf und rückte die Möbel zurecht, die für den hohen Besuch hatten verschoben werden müssen. Die ältere Schwester blieb in Abstand zur jüngeren. Bald wurde es Zeit, zu Bett zu gehen.

Isabelle zog sich in sich zurück. Sie glaubte vor Scham vergehen zu müssen, wie zugeschnürt war ihr die Kehle. Am besten, sie würde nicht mehr daran denken.

Der Baldachin

Sie saß alleine im Wagen und hatte die seitliche Türscheibe hinuntergekurbelt, um die laue Sommernacht hereinzulassen. Langsam fuhr sie den Stadtquai entlang. Die Menschen schlenderten vergnügt auf den Trottoirs: Frauen auf High Heels in leichter Schlabberhose, neoromantischer Look, Dekolletéblusen mit Volants und föhnfrisierter Lockenmähne. Oder mit viel Bein in knappen Hotpants, eng anliegendem Spencer und wie zufällig hochgesteckten Haarsträhnen; Männer in fast klassischem Outfit, weniger phantasievoll, offenes Hemd und lange Hose oder Jeans und farbiges T-Shirt. Ein veritables Bild der modischen Freiheit bewegte sich durch die Straßen.

In einem wenig aussichtsreichen Unterfangen war sie an diesem Samstagabend auf der Suche nach einem Parkplatz möglichst nahe dem Straßencafé, wo sie mit einer Freundin verabredet war. Dann traf es sie unvermittelt: Vor ihr stoppte ein Taxi im Halteverbot. Sie wich reflexartig nach links aus. Fast gleichzeitig streifte sie eine herannahende Trambahn. Ein dumpfer Aufprall, dann ein schrilles, reißendes Geräusch. Ihr Wagen knirschte, einer Coladose gleich, die zusammengedrückt wird. Mit durchgestreckten Armen, beide Hände fest am Lenkrad, den rechten Fuß auf der Bremse, wurde sie nach vorne geworfen. Ihr Körper zitterte. Sie schloss für einen Moment die Augen. Wie angeworfen war die Verzweiflung wieder da und zerrte sie in die Vergangenheit zurück. Obwohl ihre Scheidung bereits über zwei Jahre zurücklag, spürte sie noch immer die Leere, wie damals, als sie das Gefühl gehabt hatte, sie würde gegen Wände reden. Das Kind im Arm, war sie entschlossenen Schrittes aus dem Haus gegangen. In der Hetze blieb eine weiße Porzellanschale, an der ihr gelegen war, auf der Treppe zurück.

Der Taxifahrer stieg betreten aus seinem Wagen, wohl wissend, dass er eine Regel missachtet hatte. Der Trambahnführer stapfte heftig gestikulierend die Stufen seines Fahrzeuges herab und herrschte sie an, ob sie denn nicht besser hätte aufpassen können. Es war bald Mitternacht, kurz vor seinem Dienstschluss wahrscheinlich. Ein Tourist trat an ihr Wagenfenster heran, um sie zu beruhigen: »Don't be worried, it's not your fault.« Sie sah ihn an und wusste nur zu gut: Sie hatte durchaus ihren Anteil an diesem Zusammenprall. Seit Langem war sie mit dem Kopf nicht bei der Sache. Dann stand plötzlich ein Polizist da – der Lenker der Trambahn musste über Funk die Polizei verständigt haben. Er drängte die angesammelte Menge zurück, grüßte knapp und verlangte nach ihrem Fahrausweis. Sie übergab ihm ihre Papiere und zeigte auf die drei vollen Einkaufstaschen auf dem Rücksitz ihres Renault 4: Körbe voller Äpfel und eine beträchtliche Anzahl Büchsen von Crème de Chocolat. »Ich sollte diese Lebensmittel am Montag in die Berge in ein Schullager fahren«, sagte sie gepresst. »Gibt es Zeugen des Unfalls?«, erkundigte sich der Mann in Uniform. Eine Frau trat vor und behauptete, gesehen zu haben, wie es passierte. »Hatte die Fahrerin den Blinker betätigt?« Die Frau bejahte, obwohl die Fahrerin selbst nicht sicher war, ob das zutraf. Ihr war schwindlig.

Nach Abwicklung der Formalitäten stieg der Straßenbahnfahrer grußlos in sein Fahrzeug. Er konnte weiterfahren. Sein Tramwagen war mit ein paar Kratzern davongekommen. Der Taxifahrer, mit Blechschaden an seinem Fahrzeug, verabschiedete sich bedauernd. Der Fahrer vom Abschleppdienst kümmerte sich um ihren Unfallwagen. Sie ging zu Fuß in das Kaffeehaus, wo sie verabredet war, bepackt mit den Einkaufstaschen voller Orangen und Crème de Chocolat. Ihre Freundin war nicht mehr da. Sie entschied sich, bei Bekannten in einer unweit gelegenen Wohngemeinschaft Unterschlupf zu suchen.
Glücklicherweise war jemand zu Hause. Man bot ihr spontan ein Sofa für die Nacht an. Der Freundin, die sie versetzt hatte, konnte sie sich telefonisch erklären. Nach langer Zeit schlief sie ein. Der Schrecken wollte nicht von ihr weichen.

Sie erwachte gegen neun Uhr morgens. Die vier Männer der Wohngemeinschaft waren alle schon auf den Beinen und machten sich bereit zu einem Sonntagsbrunch, zu dem sie geladen waren. Sie solle doch mitkommen, das würde ihr guttun, meinte der eine. Zu fünft fuhren sie in einem Landrover – mehr für die Wüste als für die Stadt geschaffen – in eine Gemeinde außerhalb der Stadt.
Ein Team von Architekten und Ingenieuren hatte sich dort in einem ehemaligen Hotel eingemietet. Nun sollte der Bau aus dem Ende des 18. Jahrhunderts endgültig abgerissen werden, was Anlass für ein Schlussfest gab. Durch den Eingangskorridor betrat sie den einstigen Speisesaal, die vier Begleiter in ihrem Gefolge. Der Mann, der in der improvisierten Küche an Kochtöpfen hantierte, drehte sich nach ihr um, was ihr nicht ent-

ging. Zahlreiche Gäste unterhielten sich an aneinandergereihten, gedeckten Tischen. Ein außergewöhnlicher Ort, dachte sie. Der Saal war mit geringem Aufwand zu einem Architekturbüro umfunktioniert worden. Er erinnerte an vergangene Zeiten: Gemeindeversammlungen, stattliche Hochzeitsgesellschaften, Tanz- und Theatervorführungen mussten hier stattgefunden haben. Sie schätzte die Höhe auf über vier Meter, gute 25 Meter lang und halb so breit. Eine Reihe von schmalen, hohen Bogenfenstern mit Bleiverglasung sorgte für Licht und Ambiente. Die abblätternde, rissige Saaldecke war schwarz übermalt worden. Große runde Blechlampen erleuchteten das massive Eichenparkett am Boden. Noch immer hing vor der Theaterbühne ein roter, ausgebleichter Plüschvorhang, als könne jederzeit ein Klingeln den Beginn eines bäuerlichen Schwanks oder eines literarischen Weltdramas ankündigen. Auf der gegenüberliegenden Fensterseite führte eine einfache Stahltreppe zu einer Galerie, beschildert mit Pfeilen zu Bibliothek, Administration und Buchhaltung der Bürogemeinschaft.

In der Mitte des Saals war ein Zelt aufgebaut, als wäre hier eine Wiese. Ein Birkenstamm stand wie angewachsen daneben. Das fand sie ziemlich verrückt. Wer da wohne, erkundigte sie sich bei der Frau, die neben ihr stand. »Ein sanfter Rebell«, sagte diese lachend, »er steht da an den Kochtöpfen.« Das müsse ein freigeistiger Mensch sein, erwiderte sie und fand sich bei diesem Kommentar selber etwas förmlich.

Dann kam überraschend eine gute Bekannte auf sie zu, die von ihrem Unfall gehört hatte. Sie dürfe für den Lebensmitteltransport gern ihren Wagen ausleihen, sagte sie. In den kommenden Tagen brauche sie das Fahrzeug nicht. Es stehe an der

Bottikerstraße 15 in der Stadt. Sie sei dort erst neulich eingezogen. Dann deutete sie zum Mann an den Kochtöpfen hinüber. Roberto wohne auch dort. Das großzügige Angebot der Bekannten nahm sie jetzt umso lieber entgegen.

Zu Beginn der Woche klingelte ihr Telefon zu Hause bereits um halb acht Uhr morgens. Es war der Mann von der Garage. »Wir haben Ihren Unfallwagen entgegengenommen. Er ist nicht mehr zu gebrauchen, Totalschaden.«

Sie fuhr mit dem geliehenen Wagen in die Berge, um die Lebensmittel abzuliefern. Am Abend stellte sie ihn zurück vor das beschriebene Haus, einem Bau etwa aus dem Jahr 1900, und klingelte an der Wohnungstüre im ersten Stockwerk. Der Eingang machte mit seinen sandgestrahlten Verglasungen einen eleganten Eindruck. Es öffnete der Mann, von dem sie wusste, dass er Roberto hieß, in einem Zelt in einem ehemaligen Hotelsaal zu übernachten pflegte, tags zuvor in einer improvisierten Küche an den Kochtöpfen gestanden und sich nach ihr umgedreht hatte. Er trug eine resedagrüne Fliegerjacke, darunter ein dunkelrosa T-Shirt und verwaschene Jeans. »Ciao!«, sagte sie etwas überrascht. »Ich bringe die Schlüssel des ausgeliehenen Wagens zurück.« Er war informiert. Die Kollegin sei noch nicht da. Sie solle doch hereinkommen. Roberto sei sein Name.
Sie betrat die geräumige Wohnung, die früher eine gutbürgerliche Mieterschaft beherbergt haben musste, und äußerte sich lobend über den sorgfältig renovierten Altbau. »Wir mieten hier als Wohngemeinschaft«, sagte er. »Dies ist mein Zimmer.«
Der weiß getünchte Eckraum mit Stuckdecke und altem Parkett

wirkte besonders geräumig durch seine zugleich spartanische und sinnliche Einrichtung: ein Bett, ein Stuhl mit Sitzgeflecht (es musste ein Marcel Breuer sein), ein Tischblatt aus Holz, auf Stahlrohr gesetzt, ein rechteckiger, mattschwarz gestrichener Bücherturm. Sie brachte schnell in Erfahrung, was darin eingereiht war: Architektur und deutsche Gegenwartsliteratur. Das wars auch schon. Das Blattwerk einer wilden Rebe schaute zum offenen Fenster herein. Abendliches Sonnenlicht schien durch das Grün. Das Ambiente sagte ihr zu. Trotzdem hielt sie sich eher zurück, was nicht unbedingt ihrer Art entsprach. »Schön«, sagte sie nur. Dann zeigte er ihr die Küche, wo ein Kneipentisch mit gusseisernen Füßen den Raum dominierte. »Hier lässt sich tafeln«, meinte sie lachend. Zwei Gitarren standen angelehnt in einer Ecke. »Wer spielt von euch, du?« Er spiele zusammen mit Frank, seinem Freund und Mitbewohner. Sie würden sich schon lange kennen. »Übrigens: Wir beide kommen zu eurem Schulfest am übernächsten Wochenende. Deine Kollegin hat uns eingeladen.« Sie tranken einen Kaffee zusammen. Dann gab sie ihm die Wagenschlüssel und wandte sich zum Gehen.

Für das Schulfest hatte sie verbindliche Aufgaben übernommen, die Einkünfte zugunsten der Schule erbringen sollten. Abends wollte sie hinter der Bar am Ausschank stehen, anderntags würde sie auf einem umfunktionierten Heuwagen die Kinder zu Indianern schminken und den Eltern Kopfschmuck aus farbigen Hühnerfedern für ihre Lieblinge verkaufen.

Das Fest der Eltern, Lehrer und Freunde fand im Versammlungsraum der Schule statt, in einem ehemaligen Gewerbehaus mit Umschwung am Waldrand der Stadt. Der großflächige, einfache Raum mit Backsteinwänden und einer weiß gestrichenen Gipsdecke, stand ihnen auch für ihre regelmäßigen Treffen zur Verfügung, bei denen sie die Schulpolitik debattierten. Marineblaue Sitzkissen und Wolldecken lagen zum ungezwungenen Zusammensein auf dem Boden.

Am Abend, beim Ausschenken von Getränken an der Theke, gönnte sie sich einen Überblick über das Kommen und Gehen der Gäste. Die Frauen erschienen mit und ohne Schuhwerk, in schmalen oder schwingenden langen Röcken, bunte Schals über ihre Schultern geworfen. Tom wiederum trat wie gewohnt in schwarzen Lederhosen auf, diesmal mit nacktem Oberkörper und einem humoristisch kombinierten Halsschmuck aus Kaffeelöffeln, Taubenfedern und Flügelmuttern. Manu zog die Blicke auf sich mit ihrem roten Haarbusch, in einem Tigerstreifen-Stoffkleid daherkommend, als wäre sie dem Dschungel Indonesiens entlaufen. – Die Eltern, miteinander im Gespräch, belegten den Raum ungezwungen stehend, sitzend und halb liegend. Kontrovers diskutiert wurde der unentwirrbar scheinende Konflikt zwischen Israelis und Palästinensern. Arafat hatte unlängst die Gelegenheit erhalten, vor der UNO-Generalversammlung zu sprechen. Jetzt sollte Menachem Begin neuer Ministerpräsident von Israel werden. In Spanien wiederum gab es erstmals seit über vierzig Jahren freie Wahlen; ein heißes Konfliktthema waren die sich häufenden Anschläge der RAF. Unverhohlene Sympathie und scharfe Ablehnung prallten hier aufeinander. Auseinandersetzungen dieser Art gehörten in den Rahmen der Elterntreffen. Es sollte keine Tabus geben. Für eine »freie Schule« wie diese, von privater Seite als Alternative zum staatlichen Schulsystem geschaffen, war der offene Meinungsaustausch und – was schulische Belange betraf – ein daraus folgendes Ringen um Übereinstimmung notwendig. Hingegen schien die zeitliche Überforderung der Beteiligten kein Thema. Die Nächte waren schließlich lang. Gerade griff eine Frau in ihrer Nähe den Tod von Max Daetwyler auf, der zwar schon über ein Jahr zurücklag, aber in seiner Bedeutung erst jetzt richtig erkannt wurde: Er war der erste Kriegsdienstverweigerer der Schweiz gewesen, hatte von sich reden gemacht, weil er mit einer weißen Fahne bis nach Berlin und Moskau gepilgert war. Alle kannten sie den Friedensstifter. Sie selbst hatte ihn manchmal auf der Wiese vor dem Opernhaus der Stadt angetroffen, halb ernsthaft, halb amüsiert war sie jeweils stehen geblieben, um seiner Friedensbotschaft zu lauschen. Max Daetwyler war unübersehbar mit seinem weißen Bart, der schwarzen Kleidung, der schmalen Krawatte auf weißem Hemd, einer schwarzen Baskenmütze über den imposanten, abstehenden Ohren; und stets hing ein Rucksack an seinen Schultern oder er trug eine dunkle Ledermappe bei sich, aus der er Traktate verteilte. Die Psychiatrisierung und Kriminalisierung dieses Botschafters für eine friedvolle Welt hatte sie immer schon empört. Würde ihr Kind einmal Militärdienst leisten wollen? Sie wünschte es sich nicht.

Dann ging die Tür an der Stirnseite des Saales auf und Roberto erschien mit seinem Freund Frank im Türrahmen. Der Auftritt hätte in einen Italowestern gepasst. Nur hielten die Männer anstelle der schussbereiten Pistolen ihre Gitarren im Anschlag. Die Stimmung im Raum veränderte sich augenblicklich, als sie zu spielen begannen. Ohne Zweifel: Die beiden Musikanten steckten das Publikum mit ihrem Charme spielend in die Tasche. Als das unverwüstliche italienische Partisanenlied »Bella Ciao« ertönte, begannen die Leute spontan mitzusingen. Weit nach Mitternacht setzte sie sich kurz entschlossen zu den Musikern. Zu dritt improvisierten sie singend Nonsenstexte von grotesk-komischem Inhalt, was sich unter der Wirkung des Weines zur fortgeschrittenen Stunde ganz vergnüglich anhörte. Irgendwann, es war reichlich spät, wollte sie sich von den beiden verabschieden. »Darf ich mitkommen?«, sagte Roberto. Sie überlegte einen Augenblick. Er könne bei ihr übernachten, erwiderte sie. Er zögerte keinen Moment, wechselte ein paar Worte mit seinem Freund. Dann fuhr er sie zu ihr nach Hause aufs Land.

Er schaute sie an. »Du gefällst mir seit dem ersten Moment, als ich dich gesehen habe, ich möchte mit dir schlafen«, sagte er mit der warmen Stimme, die sie an ihm mochte. »Du kannst neben mir schlafen, wenn du willst«, sagte sie, etwas Distanz haltend. Sie befinde sich noch in einer Phase der Rekonvaleszenz. Er wollte – und zollte ihr Respekt. Sie küssten sich auf die Wange. »Gute Nacht, ich bin todmüde«, sagte sie ein bisschen kraftlos. Er strich ihr das schulterlange Haar beiseite und küsste sie sanft auf den Hals. Zärtlich nahm er sie in seine Arme und hielt sie, während sie einschlief. Als sie am Morgen erwachte, lag sie immer noch in seinen Armen. Sie hatte schon lange nicht mehr so gut geschlafen und empfand sich etwas vom Boden abgehoben, was nicht nur von den Nachwirkungen des Weins herrühren konnte.

Sie habe versprochen, gegen zehn Uhr wieder in der Schule zu sein, sagte sie, um die Kinder für die Indianertänze zu schminken und die gebastelten Schmuckgebilde zugunsten des Schulbudgets zu veräußern. Sie steckte sich eine rote Hühnerfeder ins Haar und stieß ein paar Indianerlaute aus, mit der Handfläche ihre Lippen betrommelnd. Sie lachten wie Kinder, grundlos vergnügt. Er half ihr, ihren kaukasischen Nomadenteppich auf dem Boden zusammenzurollen und die Utensilien für die indianische Inszenierung einzupacken. Dann fuhren sie los. Der Tag war wolkenlos, strahlend schön. Es war mit Hitze zu rechnen. Auch mit einem möglichen Sonnenstich, wie er fand. Daran hatte sie nicht gedacht. Er spannte ihr mit wenig Aufwand einen Baldachin aus azurblau gefärbter Baumwollgaze über den umfunktionierten Heuwagen, der ihr als Verkaufsstand diente. Dann verabschiedeten sie sich mit einem leichten beidseitigen Kuss auf die Wange.

Sie schaute ihn an und sagte, sie wolle ihn wiedersehen. Er hätte seine Antwort nicht geben müssen. Sie meinte sie im Leuchten seiner Augen schon zu lesen.

Dehnen und Strecken

Der Mann im silberweißen Anzug hüpfte über die Bildfläche, als wäre er – nein, weder Hase noch Heuschrecke oder Frosch, eher ein im Auffangnetz unter einer Zirkuskuppel hopsender Trapezkünstler, ein springender Gummiball, ein fremdartig wippender Außerirdischer. Die junge Frau starrte auf den Fernseher. Ein Arbeitskollege hatte das Gerät ins Krankenzimmer gebracht, eine Überraschung zu ihrem dreißigsten Geburtstag. Sie müsse unbedingt die erste bemannte Landung auf dem Mond mitverfolgen, meinte er, selbst entflammt von dem bevorstehenden Ereignis.
Das Spektakel hatte um 21 Uhr abends begonnen. Nun war es bald vier Uhr in der Frühe. Neben ihr saß auf einem hereingebrachten Stuhl die Pflegerin Vera, die heute Nachtdienst hatte. Solange ihr Taschenfunk nicht summte, blieb sie hier sitzen; suchte jemand nach ihr, verschwand sie augenblicklich, kam aber jedes Mal auf leisen Sohlen zurück. Das Bild des schwerelosen Mannes auf dem Mond war ein Weltereignis, das auch sie sich nicht entgehen lassen wollte. Die versierte ältere Krankenschwester aus Wien pflegte die junge Frau jetzt schon seit über einem Monat. Ihre gegenseitige Sympathie gründete auf einem Buch, das in den ersten Tagen auf dem Nachttisch der Patientin gelegen hatte: Simone de Beauvoirs »Das andere Geschlecht«. Die Patientin sagte, es habe sie aus dem Dornröschenschlaf

geweckt. Die Krankenschwester nickte. Auch ihr habe das Buch die Augen geöffnet. Darin bestand ihr Bündnis.

Auch in dieser Nacht hatte Vera ihrer Patientin das Kissen im Rücken mehrere Male zurechtgerückt und das Hirsesäckchen unter den wund gelegenen Fersen aufgeschüttelt. Die junge Frau schlief im Morgengrauen ein. Als sie wieder erwachte, war der Fernseher aus. Ihr erster Gedanke galt den Astronauten. Sie würden sich am Abend zusammen mit dem eingesammelten Mondgestein bereits wieder auf Erdkurs befinden.

Tagsüber war sie merkwürdig unruhig. In der Abendstunde, während des Schichtwechsels des Pflegepersonals, überwältigte sie ein unsäglicher Schmerz im rechten Oberschenkel, als führe ein Raupenfahrzeug über ihr Bein hinweg. Sie schrie – oder meinte sie nur zu schreien? Sie drückte die Klingel, die in Reichweite über ihrem Bett hing. Es war, als könnte sie niemand hören – oder war die Vorrichtung defekt? So viel wusste sie noch: Vera hatte zwei freie Tage. Sie sei ins Opernhaus eingeladen, hatte sie ihrer Patientin schon vor einer Woche mit leuchtenden Augen erzählt und ihr dann die neu gekauften Schuhe aus Taft gezeigt, die sie speziell zu diesem Anlass tragen würde.

Ihre Pflegerin war also nicht da. Nach einer Ewigkeit, so schien ihr, tauchte ein diensthabender Arzt auf. Schweißgebadet, wie sie war, wurde sie in den Operationssaal gefahren durch Gänge, die sie schwindelig werden ließen wie auf einer Achterbahn, was sie aber noch mitbekam. Dann verlor sie das Bewusstsein. Als sie wieder erwachte, war sie an ein Bluttransfusionsgerät angeschlossen. Ihr rechter Oberschenkel war mit Eisbeuteln zugepackt. Das Zeitgefühl war ihr abhandengekommen. Ein

Arzt saß neben ihr. Er hatte ihr Morphin gespritzt, wonach der unsagbare Schmerz unverzüglich verschwunden war. Jetzt schwebte sie, leicht wie eine Schönwetterwolke. Aber ihr Körpergefühl war weg, ihre Kraft nicht mehr zu mobilisieren, der Esslöffel nicht mehr zum Mund zu führen. Am dritten Tag dieses Schwebezustands kam die Krankenschwester zurück. Die junge Frau war wieder bei sich. »Vera«, sagte sie, »was mach' ich bloß ohne Sie«, und lachte müde dazu. »Wie war ›Aida‹?« – »Ich habe für Sie das Programmheft mitgebracht.« Doch auf »Aida« ließ sie sich nicht weiter ein, sie nahm stattdessen die Hand ihrer Patientin. »Es wird schon wieder«, sagte sie. »Vera«, fuhr die Bettlägerige fort: »Bitte schauen Sie auf meine Beine. Die Länge stimmt nicht mehr. Das rechte ist merklich kürzer als das linke.« Die Krankenschwester betrachtete die langen Beine der jungen Frau, denen vom wochenlangen Liegen die Muskeln geschwunden waren. Vera hatte sie schon unzählige Male um- und umgebettet. »Ich werde den Arzt informieren«, antwortete sie, als würde sie sich scheuen, ihrer Patientin zu bestätigen, was sie längst selber befürchtete. Vera wusste aus der Krankenakte, dass die junge Frau an einer angeborenen Fehldisposition der Hüftgelenke litt. Sie sei mit ihrem Becken zu steil ins Leben getreten, so hatte die Patientin es beschrieben, was ihr zunehmend Schmerzen verursacht habe. Die Untersuchungen hätten ergeben, dass dies mit chirurgischen Eingriffen zu korrigieren sei. Ja, drei Chirurgen seien zum selben Schluss gekommen und hätten sich geradezu darum gerissen, diese Aufgabe zu meistern. Sie habe sich schließlich davon überzeugen lassen, keine andere Wahl zu haben, und in die vorgesehenen Eingriffe eingewilligt. Innerhalb von drei Wochen hätte das Ganze über die

Bühne gehen sollen. Die junge Frau zog eine Schnute. Beide Operationen seien zwar gelungen; die Patientin nicht gestorben. Doch ihr wenn auch junger Körper war den Strapazen nicht gewachsen. Die folgenden Komplikationen warfen sie aus der Bahn.

Am frühen Abend kam der Arzt, der sie beidseitig operiert hatte, an ihr Bett. »Wir stellen morgen gegen die Schmerzen auf eine hohe Dosis Aspirin um, damit Sie nicht abhängig werden«, sagte er. Sie hätte es tatsächlich werden können, sie befand sich in einem schwerelosen Zustand wie der Mann auf dem Mond. »Doktor«, sagte sie, »mein rechtes Bein ist kürzer. Ich stelle das fest aus meiner Perspektive von weit oben.« Der Chirurg stand am unteren Bettrand, nahe ihren Füßen. Er zog am rechten Bein und meinte, dass sie schief im Bett liege. Das wagte sie nicht in Frage zu stellen, obwohl ihre Wahrnehmung eine andere war. Als Vera sie neu bettete, weinte sie schluchzend. »Sie sind noch jung«, versuchte die Ältere sie erneut zu beruhigen. »Sie müssen Ihren Körper neu trainieren. Ich kenne eine ausgezeichnete Heilgymnastikerin.«

Die Heilgymnastikerin arbeitete in der stadtbekannten Klinik für Orthopädie, wo die Patientin sich zum ersten Gespräch einfand. Sie humpelte an ihren Krückstöcken daher, schwerfällig und ungeschickt. Die Therapeutin war etwa gleich alt, groß gewachsen wie sie selbst, jedoch von kräftiger Statur. Ihr olivgrüner, weit geschnittener Anzug erinnerte an einen japanischen Kimono. Auf ihrer geraden Nase saß eine Brille aus Horn. Ihr blondes Haar hatte sie nach hinten zu einem Knoten geschlungen. Das Gesicht war ungeschminkt – schön. Sie grüßte gleichermaßen zurückhaltend wie zugewandt. Die Patientin setzte sich unbeholfen. Sie war schwarz und ungezwungen gekleidet. Gleichzeitig hatte sie eine gewisse Eleganz, schaute man auf die kostbaren Materialien, aus denen ihre Kleidung bestand. Der weite Rollkragenpullover war aus schmeichelndem Mohairgarn gestrickt; ihre schmalen langen Hosen aus feinem Cordsamt geschnitten. Ihr dunkelbraunes, schulterlanges Haar glänzte. Die dunklen Augen betonte sie katzenhaft mit einem schwarzen Lidstrich. Sie schien unsicher. Die beiden Frauen hätten nicht unterschiedlicher sein können. Die Therapeutin nahm ihr die Krückstöcke ab. Die Patientin wusste augenblicklich, dass sie dieser Frau ihren Körper anvertrauen konnte. Doch im Laufe des Gesprächs kam heraus, dass die Heilgymnastikerin aus dieser Klinik weggehen würde. »Kann ich Ihnen irgendwohin folgen?«, fragte die junge Frau etwas waghalsig. »Das überlasse ich Ihnen«, sagte die andere. Sie eröffne eine eigene physiotherapeutische Praxis in ihrem Wohnquartier. Die beiden Frauen wurden sich schnell einig. Die Patientin würde ab sofort drei Mal die Woche zur Behandlung herkommen – »dehnen und strecken, dehnen und strecken« – und dann mit ihr in die neue Praxis umziehen – wieder dehnen und wieder strecken. So wurde sie eine der ersten Kundinnen im selbstständigen Unternehmen der Krankengymnastikerin und die Begegnung der Frauen fast alltäglich.

Zu diesem Zeitpunkt wussten sie wenig Privates voneinander, doch als die junge Frau einen Termin absagen musste, da ihr

Kind krank geworden war, teilte ihr die Therapeutin mit, dass sie das gut verstehen könne, sie habe auch ein Kind.
Zwischen den beiden Frauen bahnte sich eine freundschaftliche Beziehung an. Die eine trug der anderen das Du an. Als am 7. Februar 1971 das Frauenstimmrecht in der Schweiz angenommen wurde, jauchzten die beiden anderntags in der Therapiesitzung vor Freude. Hannah vergaß darüber, ihre Übungen vorzuzeigen, Luzia ihren Auftrag der Anleitung.

An einem Abend speisten die beiden zusammen bei einem Italiener, der bald zu ihrem bevorzugten Lokal wurde. Luzia entschied sich für Scaloppine al Limone mit Blattspinat, Hannah für einen Risotto alla milanese mit frisch geriebenem Parmesan. Zum Dessert bestellten sie zwei Mal Zabaione und anschließend den unverzichtbaren Espresso. Luzia zündete sich eine Zigarette an. Das einzige Laster, das sie habe, meinte sie beiläufig, sei das Rauchen. »Mag sein«, sagte Hannah. »Das einzige, das ich nicht habe, ist das Rauchen«, und sie lachten über ihre je eigenen Unzulänglichkeiten.
Inzwischen ging Hannah ohne Gehhilfe, auch wenn sie ihre Krückstöcke sicherheitshalber noch bei sich hatte. Morgen würden sie sich wie gewohnt zur physiotherapeutischen Sitzung treffen.

Luzia lud Hannah zu sich nach Hause ein. Als Hannah eintraf, war auf der Veranda der Tisch bereits gedeckt. Der nach drei Seiten verglaste Außenraum, der an das Wohnzimmer zur Südseite anschloss, bot eine fast ländliche Sicht in den vorgelagerten städtischen Obstgarten. Auf der linken Seite der Loggia stand eine einfache Stehleuchte, auf der rechten waren zwei Korbsessel mit Sitzkissen gruppiert, in die man sich bequem hineinsinken lassen konnte. Ein Feigenbaum schien in dieser Art Glashaus zu gedeihen. Hannah brachte für ihre Freundin eine rote Gartenrose mit. Vor dem weit offen stehenden Fenster hingen von einer Pergola zartblaue Glyzinen herab. »Oh, hier lebt man nach innen wie außen«, rief Hannah aus, »es riecht nach luftiger Freiheit.« Sie ließ sich mit einem lustvollen Seufzer in einen der Korbstühle plumpsen, was für ihre wiederhergestellte körperliche Beweglichkeit sprach.

In der Folgezeit stellte sich heraus, dass Luzia gerade mit neuen Methoden der Krankengymnastik beschäftigt war, die sie an Hannah ausprobierte. Diese benahm sich ungeschickt dabei, was mit schallendem Lachen quittiert wurde. Hannah wiederum probte zu diesem Zeitpunkt in der Veranda den Vortrag ihrer Semesterarbeit über Peter Handkes »Wunschloses Unglück«, was zu Diskussionen über ihre eigenen Mütter führte. Sie ließen an ihnen keinen guten Faden. Luzia kritisierte die ihre als dominante Person und sagte, sie halte sich möglichst fern von ihr. Hannah beschrieb ihre Mutter als eine Frau, die im Hintergrund zu wirken trachte, eine typische Vertreterin der vorangehenden Generation, die noch davon überzeugt war, es ihrem Ehemann recht machen zu müssen; es käme der Mutter nicht in den Sinn, das erkämpfte Frauenstimmrecht nun auch zu nutzen.

Hannah hütete nun wöchentlich die beiden Kinder an schulfreien Nachmittagen. Dafür übernahm Luzia das Kind von Hanna an Abenden, an denen diese ihren Studien nachging. Die beiden Freundinnen waren sich in ihren Sichtweisen oft nahe, mit wenigen Ausnahmen. Eines Abends, als sie zusammensaßen, zog Luzia an ihrer Zigarette, als müsste sie sich beruhigen, und begann zu erzählen. Sie sei zum Lehrer ihrer Tochter für ein Gespräch gebeten worden. Er habe sie als verschlossen und am Schulstoff wenig interessiert geschildert, der Übertritt in die Oberstufe sei gefährdet. »Was lässt sich da schon machen?«, meinte Luzia. Hannah nahm sofort Partei für das heranwachsende Mädchen. »Sie ist begabt und muss gesehen werden«, ereiferte sie sich, nur müsse das die Lehrperson erst mal realisieren. Sie würde den Lehrer subito wechseln. »Du gibst zu schnell auf«, hakte sie nach und wollte nicht lockerlassen. Luzia ließ sich den Eifer der Freundin gefallen. Bis diese merkte, dass das so einfach nicht zu lösen und schon gar nicht ihre Angelegenheit war – und sie sich wieder zurücknahm.

Luzia lebte seit der Geburt ihrer Tochter schon länger als alleinerziehende Mutter, während Hannah sich nach einer unglücklichen Ehe mit ihrem Sohn erst mal wieder alleine einrichtete. In dieser Zeit suchte Hannah sich ihre Liebhaber am liebsten nur für eine Nacht aus. Sie erwähnte sie manchmal ihrer Freundin gegenüber, manchmal waren sie vorher schon wieder vergessen. Luzias Männer hatten alle einen merklich hohen gesellschaftlichen Status, aber von Hannah aus gesehen alle den gleichen Makel – oder war es Luzias Kalkül? Alle waren sie verheiratet, wenn auch interessante Persönlichkeiten. Hannah lernte sie über die Jahre kennen: den Starchirurgen, der Luzia »Venus von Milo« nannte; den erfolgreichen Kunstmaler, für den ihre Freundin auch nackt posierte; den angesehenen Professor, den

Architekten von internationalem Ruf, den bekannten Filmemacher. Hannah fand die männlichen Koryphäen zwar unterhaltsam, aber auch Profiteure. Luzia reagierte gelassen, sie profitiere auch. »Weshalb suchst du dir keinen freien Mann?«, fragte Hannah ihre Freundin. »Ich mag nicht suchen«, erwiderte Luzia.

Hannah hatte gelernt, ihre Körperübungen allein zu bewerkstelligen, auch wenn die tägliche Disziplin, die sie dafür brauchte, stets in Gefahr war, sich wieder zu verflüchtigen. Luzias Tochter wechselte für ihre schulische Bildung in ein Internat in den Bergen. Luzia selbst arbeitete mit großem Engagement in ihrem eigenen Unternehmen, während Hannah zwischen Arbeit, Studium und Kind hin und her eilte. Fast schien es, als würden sich die beiden Frauen auseinanderleben. Doch dann ergriff Luzia erneut die Initiative und lud Hannah wieder einmal zum Nachtessen ein. Auch wenn es einige Jahre gedauert hatte, bis sie sich wiedersahen, knüpften sie dort an, wo sie beim letzten Treffen aufgehört hatten.
Es war wieder August geworden, ein herrlicher Sommerabend. Sie saßen in ihrer vertrauten Veranda. Die Bäume im Obstgarten trugen schon erntereife Äpfel, Klaräpfel, der erste Apfel der Saison. Hannah mochte diese Sorte besonders gerne; ihren Geruch, kugelig klein die Früchte, weißgrün die Farbe, saftig das Fruchtfleisch und möglichst direkt vom Baum gepflückt. Hineinbeißen wollte sie in den frischen Apfel und ihn mit ein paar Bissen genießerisch verspeisen. Luzia wusste von der Vorliebe ihrer Freundin und hatte ihr eine Tasche davon bereitgestellt. Hannah war schon in aufgeräumter Stimmung gekommen und den Abend über gesprächig. Doch Luzia wirkte bedrückt, anders

als sonst, zerbrechlicher. Was los sei, fragte Hannah ihre Freundin nach einer Weile. Dann begann Luzia zu berichten: Sie sei krank, ihre Diagnose laute auf Krebs. Die Ärztin meine, dass sie noch eine Lebensdauer von zehn Jahren haben könne, wenn sie sich den Strapazen von Bestrahlung und Medikamenten aussetzen würde. Als Luzia innehielt und schwieg, nahm Hannah ihre Hand. Luzia schien sich bereits gefasst zu haben, als sei es ihr recht, den Krebs nun wieder zu vergessen. Die Zigaretten und der Aschenbecher auf dem Tisch waren verschwunden.

In der Folge veränderte sich Luzias Leben. »Ich lebe massiv eingeschränkt, meine Sehfähigkeit nimmt ab«, sagte sie zu Hannah am Telefon. Sie fühle sich nachts auf der Straße unsicher und zöge es vor, zu Hause zu bleiben. Auch habe ihre Standfestigkeit nachgelassen. Sie habe sich einer Knieoperation unterziehen müssen. Beim ersten Schnee fiel Luzia dann auf dem Weg zur Arbeit hin, brach sich eine Schulter und musste schon wieder, diesmal notfallmäßig, operiert werden. Gezwungenermaßen zog sie sich aus dem kulturellen Geschehen der Stadt zurück. Hannah wiederum war in ihr aktives Leben so eingespannt, dass die Freundschaft mit Luzia in ihrem Alltag keinen Platz mehr fand. Sie hatte Roberto kennen gelernt, der sie in der Liebe aufblühen ließ.
Die beiden Frauen verloren sich aus den Augen.

Nach geraumer Zeit war es wieder Luzia, die die Initiative ergriff und zum Mittagessen einlud. Die Bitte hatte etwas Drängendes: »Ich koche dir einen Risotto alla milanese. So wie du ihn magst.«
Hannah freute sich auf das Wiedersehen nach langer Pause. Als

sich Luzias Haustüre vor ihr öffnete, erschrak sie, auch wenn sie versuchte, es zu verbergen. Luzia war dünn geworden. Sie trug eine beige Zipfelmütze und ging am Stock. Auch ihr war die Freude des Wiedersehens anzumerken, doch zugleich wirkte sie fahrig in ihrem Tun. Es war kein Risotto in der Pfanne, stattdessen stand ein Topf Gemüsesuppe auf dem Herd und ein verschlossenes Glas Gewürzgurken daneben. Auf dem Küchentisch lagen, noch verpackt, zwei Sorten Käse. Hannah übernahm die Führung. »Setz dich in die Veranda«, sagte sie, »lass mich machen.« Als die beiden sich gegenübersaßen, riss Luzia sich die Kappe vom Kopf und schmiss sie auf einen der Korbsessel, die in der Ecke der Veranda standen. Ihr Kopf war kahl und dünnhäutig.
Zum ersten Mal erlebte Hannah ihre Freundin zornig aufbegehrend. Sie schimpfte über die Ärzte, die nur ihr Fachgebiet im Auge hätten. Sie regte sich maßlos über die Versicherungen auf, die nicht zahlen wollten. Den Malzeitendienst in ihrem Quartier putzte sie als unzuverlässig herunter. Sie konnte sich fast nicht mehr stoppen. Hannah sah sie an. Obwohl dieser Anblick und diese Schimpftirade kaum zu ertragen waren, hatte die Szene etwas ungemein Intimes. Die Freundin erzählte vom Krebs, der in ihr wüte, sich schonungslos in ihrem Körper ausbreite und sie dabei zur hilflosen Zuschauerin degradiere. Sie beklagte ihre brechenden Knochen. Sie beklagte ihre Vergesslichkeit. Luzia wirkte todmüde. Die erlahmende Lebenskraft der Freundin war nicht mehr zu übersehen.
Auf dem Heimweg hätte Hannah einfach herausschreien mögen. In der darauffolgenden Nacht wurde Luzia erneut ins Spital überführt.

Roberto rief aus Italien an. »Liebste«, sagte er, »ich warte am Freitag wie abgemacht am Bahnhof in Siena auf dich.« Er schlug vor, auf der Piazza del Campo einen Cappuccino zu trinken, um den weltberühmten Muschelplatz noch eine Weile zu genießen, bevor sie in die Campagna fahren würden.
»Ich komme später«, sagte sie mit tonloser Stimme. »Luzia ist tot.«

Hannah schritt langsam nach vorne, den Nachruf auf ihre Freundin in der Hand. Ihre hinkende Gangart war nicht zu übersehen. Ihr havariertes Becken forderte über die Jahre hinweg seinen Tribut, allem Dehnen und Strecken zum Trotz. Zwei Musiker improvisierten ein Intro; der eine spielte mit seinen Händen ein Instrument aus Stahlblech, im Klang dem Gong ähnlich, der andere blies die Bassklarinette, manchmal leise hauchend, dann wieder laut röhrend. Luzia hatte die beiden Musiker und ihre experimentellen Töne schon immer gemocht. Sie wollte bei ihrem Abschied keine Beerdigung. Sie hatte sich ein Zusammenkommen der Freunde gewünscht; nicht zur Abdankung sollten sie geladen werden, sondern zur Begegnung an einem Ort des kulturellen Lebens. Luzias Tochter hatte für das Treffen ein Gebäude neben dem Museum für ostasiatische Kunst gemietet, das ihre Mutter regelmäßig besucht und das ihr selbst sehr viel bedeutet hatte. Viele Menschen waren gekommen, die auch Hannah kannte: aus der Bohème, aus Luzias Berufsleben, aus ihrer Familie. Einige Dutzend waren dabei, die einmal Patienten der Verstorbenen gewesen waren. Die Musiker nahmen ihre Lautstärke langsam zurück, bis die Anwesenden zu verstummen begannen. Hannah ergriff das Wort.

Die Nachricht, dass ihre langjährige Freundin tot sei, so begann sie, habe sie von deren Tochter Andrina vernommen. Sie schaute zu der inzwischen längst erwachsenen Frau hinüber, die sie seit ihrer Kindheit kannte. Ihre Augen begegneten sich vertraut. Andrina kämpfte um ihre Fassung.

Die Nachricht habe sie unvorbereitet getroffen, sagte Hannah, obwohl in der letzten Zeit damit zu rechnen gewesen sei; manchmal habe sie sogar gewünscht, dass Luzias Leiden ein Ende finde. Sie hielt einen Moment inne. Ringsum herrschte Stille. So habe sie am Dienstag den Laptop hervorgeholt, um ihrer langjährigen Freundschaft nachzugehen. Und sie fuhr fort, als würde sie mit ihrer Freundin nochmals in der Veranda sitzen und zu ihr sprechen.

Sie beschrieb den schwerelos daherhüpfenden Mann, den sie vom Spitalbett aus verfolgt hatte, und sagte: »Ich bin bei dir gelandet. Es war Vorhersage und Intuition zugleich – und der Anfang unserer Geschichte.«

Hannah griff auch das Dehnen und Strecken auf, diesmal jedoch nicht als Strapaze, sondern als eine empfangene Liebesgabe. Sie hob ihre gemeinsame Vorliebe fürs gute Essen, für weiße Tischtücher, gebügelte Servietten und roten Wein hervor. Geweint und gelacht, geredet und geschwiegen hätten sie zusammen. Welche Kostbarkeiten des Lebens! In der Zwischenzeit sei die Berliner Mauer gefallen und große Bastionen der alten Welt in sich zusammengestürzt.

Ihr liege daran, das unersetzliche Gut der Freundschaft zwischen ihnen hier nochmals für einen Moment festzuhalten. Die Veranda vor dem Obstgarten sei mitgewürdigt, sagte sie, ebenso

die Kläräpfel, die sie schon der Freundin wegen für den Rest ihres Lebens besonders mögen werde.
Die Verbundenheit bleibe über den Tod hinaus.

»Danke Luzia«, sagte sie zum Schluss und schaute durch die herumstehenden Menschen hindurch, »eines Tages komme ich nach.«
Das war am Dienstag, dem 7. Juli 2009.
Die beiden Musiker führten den Rhythmus von Hannahs letzten Worten in einem sanften, trockenen Tonfall weiter. Von der entfernten Straße tönte die Sirene eines vorbeifahrenden Krankenwagens und reihte sich ein zum Dreiklang.

Die Entrümpelung

Manchmal dauerte es Jahre, bis der Traum wieder auftauchte, doch er kam immer zurück. Und wie immer sie es anstellte, sie war ihm ausgeliefert. Wenn er ungefragt hereinplatzte, erfasste sie Platznot, bis sie zuletzt, immer noch träumend, die Flucht ergriff. Und als sie erwachte, von Angst gepackt und erleichtert zugleich, dass er wieder von ihr abgelassen hatte, nahm sie die anhaftenden Traumbilder erneut mit in den Alltag.

Den Stoff ihrer Träume kannte sie bestens aus ihrer Realität: Sie befand sich in der Wohnung ihrer Kindheit. Alles erschien ihr zu eng, zu klein, zu kurz, zu niedrig. Die Zimmerdecken lastend, die Fluchten gestaucht, die Höhen geschrumpft. Sie befürchtete darin umzukippen. Die Mutter lehnte an der schmalen Arbeitsfläche in der Küche. Der Vater und die drei Kinder saßen eingezwängt am Küchentisch, dem es an Länge und Breite fehlte. Die kleine Stube diente zugleich als Schlafgemach der Eltern und als Arbeitsraum des Vaters, wenn er zu Hause war. Die letzte Zimmerrochade war nötig geworden, als der Bruder in die Schule kam. Daraufhin hatten die Eltern eine aufklappbare Couch angeschafft und waren aus ihrem Schlafraum in die größere Stube umgezogen. Der jüngere Bruder bekam das zweite Zimmer, das er mit Mutters Einverständnis beschildern durfte: »Bitte nicht stören!« Das Elternschlafzimmer wurde für die beiden Schwestern umgestellt. Zwei Schränke mit Kleidern und Wäsche, von der Mutter ordentlich eingeräumt, nahmen fast die eine Hälfte des Raumes in Anspruch. Die beiden Ehebetten, in denen sie fortan mit ihrer älteren Schwester schlief, versperrten die andere Hälfte. Im so schon völlig überstellten Zimmer mussten auch noch eine Kommode und zwei Nachttische Platz finden. Das Badezimmer der Wohnung glich einem schmalen Korridor, der vom Vater am Sonntagmorgen badend besetzt war, wo die Schwester ihre Haare wusch oder der Bruder endlos auf der Toilette saß. Den schmalen Gang in der Mitte der Wohnung, ohne Fenster und deshalb ziemlich dunkel, der auch als Ort zum Puppenspiel dienen musste, empfand das Mädchen als Niemandsland. Wenn Vater zu Hause war, hingen sein Mantel und sein Hut an der Garderobe, im Sommer sein heller, lang geschnittener Regenmantel, im Winter sein dunkler Wollmantel. Der hellgraue Hut blieb der gleiche, Typ Borsalino. Oft hing kein Mantel an der Garderobe. Für das Mädchen war das nichts Außergewöhnliches. Doch auf Mutter konnte man zählen. Ihre leichte, hellgraue Wolljacke hing an einem Kleiderhaken, als würde sie einem Stammgast in einem Lokal gehören, von dem man wusste, wenn auch unauffällig, dass er da war oder demnächst wiederkommen würde. Was das Kind an der Wohnung mochte, war die frische Luft. Wann immer möglich, pflegte die Mutter die Fenster zu öffnen, wenn auch im Winter nur für kurze Zeit. Sie sagte, dass die Wohnung dadurch geräumiger werde. Gleichwohl: Ungestört in einem eigenen Zimmer zu Hause zu sein, das blieb des Mädchens größter Wunsch, auch wenn es ihn nicht aussprach; denn es wusste, dass so etwas aus finanziellen Gründen nicht drinlag. Es hatte nichts übrig für diese dunklen Schränke, die ihm den Platz streitig machten. Einer der Leitsätze seines Vaters hieß: Mädchen sollen die Welt kennen lernen und fremdes Brot gegessen haben, bevor sie heiraten. Das Mädchen merkte sich den väterlichen Ausspruch und verband ihn schon früh mit der Vorstellung von räumlicher Freiheit für sich allein.

Als junge Frau von zwanzig Jahren trat die Träumerin ihre erste Arbeitsstelle im Ausland an. Mutter, Vater und Großvater standen zur Verabschiedung auf dem Bahnsteig. Der ungewohnte deutsche Zug, der Richtung Norden fuhr, wurde von einer mächtigen schwarzen Dampflokomotive gezogen, deren Wuchtigkeit ihr etwas Imposantes verlieh. »Wenn du in Hamburg umsteigst, nimm dir die Zeit, um zum Hafen zu fahren und eine Rundfahrt durch die Docks zu machen«, sagte der Vater, »das muss man erlebt haben.« Die Mutter begann zu weinen. Der Großvater empfahl ihr für dereinst die Weltstadt Paris, in der er selbst in jungen Jahren als Gehilfe eines Buchbinders gearbeitet hatte. Die Tränen der Mutter waren der Tochter peinlich. Die Hafenrundfahrt in Hamburg empfand sie als verbindliche Anweisung. Der Vater musste es ja wissen, denn er war weit gereist, kannte Hamburg ebenso wie manche andere europäische Stadt. Großvaters Empfehlung nachzukommen, verschob sie auf später. Sie würde in Kopenhagen endlich erstmals ein eigenes Zimmer haben. Das empfand sie als große Erweiterung ihres Lebensraumes. Diesem Moment fieberte sie in freudiger Erwartung entgegen. Doch das Zimmer, das ihr von ihrem zukünftigen Arbeitgeber besorgt worden war, sollte sich nach der langen Reise als genauso überstellt und eng herausstellen wie dasjenige, das sie zu Hause verlassen hatte.

Das Bild des Abschieds am heimischen Bahnhof begleitete die junge Frau auf ihrer Reise. Die Rundfahrt in den Hamburger Hafendocks weckte in ihr die Sehnsucht nach einer fernen, offenen Welt. Bald schon sollte sie in Paris und New York leben und sich in Hotels wie dem »George V« und dem »Waldorf Astoria« zu bewegen lernen, zwischen den Mächtigen und Reichen dieser Welt. Doch empfand sie die dortigen Räume als ebenso überfrachtet wie diejenigen ihrer Kindheit; nur hing jetzt ein überladener Kronleuchter an der Decke, kristallklar geschliffen, mit Kerzenschalen anstelle des einfachen Lampenschirms aus Alabaster; an der Stelle eines simplen Schranks aus Tannenholz stand da ein Schrankmöbel nach barocker Manier aus dem Fin de Siècle. Statt zweier in die Wand eingeschraubter schmiedeeiserner Haken rankte sich ein Garderobenständer in lilienhafter Frauengestalt, die Arme hochhaltend, aus kunstvoll geschmiedetem Eisen empor; es hingen kapitale Ölgemälde an seidetapezierten Wänden, Portraits berühmt gewordener Männer und Frauen in schwer vergoldeten Rahmen, wo früher sepiafarbene Fotos der Großeltern in schmalen dunklen Einfassungen gehangen hatten, plaqué argent auf Papiertapeten. Inzwischen kannte sie Restaurants, in denen ihr beflissene Kellner für ihre Handtasche einen zusätzlichen Hocker brachten. Auch hatte sie mittlerweile in Zimmern gewohnt, die mindestens doppelt so hoch waren wie die der elterlichen Wohnung, Räume, zu denen luxuriöse Toiletten gehörten, die fast unbeschränkten Platz zur Verfügung stellten, das Licht weich getönt, die Handtücher zum einmaligen Gebrauch bereit, über Wäschebehältern mit Kippdeckeln, in die man sie danach fallen lassen konnte. Und dennoch: Der Traum von der Engnis begleitete sie hartnäckig selbst durch diese Lebensumstände von verschwenderischer Fülle. Er kam, wann es ihm passte. Ohne Vorwarnung brachte er ihr Bedrängnis und Platznotstand zurück, bis sie nur noch eines wollte: fliehen.

Der Traum kam zum letzten Mal, als sie schon weit über fünfzig war: Sie stand alleine in der Wohnung, die ihr noch nie so beengend vorgekommen war wie diesmal. Doch nun – anders als sonst – fasste sie noch im Traum den Entschluss, nicht wegzulaufen, sondern zu bleiben und die Räume zu leeren.
Durch die geöffnete Türe erblickte sie den Balkon, überraschenderweise ohne Geländer. Das war ihre Chance! Nun schob sie einen der voluminösen Schränke auf den nackten Balkonvorsprung hinaus. Ein Umzugsmann nahm ihn entgegen und buckelte ihn auf seinem Rücken eine ellenlange Leiter hinab. Dann rollte sie den roten Perserteppich zusammen, den die Mutter einst von einer betuchten Verwandten bekommen hatte, schob ihn zum Balkon vor und stieß ihn vom dritten Stockwerk in den Hinterhof des Wohnblocks hinunter. »Nehmen Sie die Kücheneinrichtung mit«, sagte sie zu einem im Weg herumstehenden Transporteur. »Der Küchentisch und die Tabourets sind nicht mehr zu gebrauchen.« Aus einem zweiten und dritten Schrank quoll Gerümpel heraus, den sie mit Schaufel und Besen in große Blecheimer beförderte und vor die Wohnungstüre schleifte. Das Stubenbuffet, in dessen Vitrine eine Reihe besonderer alter, in Leder gebundener Bücher stand, wurde von einem Paar weggetragen, das sie nicht kannte. »Lassen Sie die Finger von Shakespeare und Lessing!«, ordnete sie an. »Sie gehören meinem Großvater.« Das Paar schien es

auf ein besonderes Buch abgesehen zu haben, das die fremde Frau trotz ihrer Anweisung an sich nahm. Wut packte sie, sie schrie: »Nein, ›Tom Sawyer und Huckleberry Finn‹ rühren Sie nicht an!« Sie entriss der Unbekannten das Buch. Die beiden gingen ab wie von einer Bühne, indem sie die bodenlangen Vorhänge in der Stube herunterrissen und als Fischernetz hinter sich herzogen. Die Frau und der Mann lachten zufrieden. Die beiden hatten mitgenommen, was noch mitzunehmen war. Anders als gewohnt, machte die Träumerin diesmal ein paar Schritte zur Balkontüre, schloss sie und betrachtete von da, Mark Twain unter den Arm geklemmt, die leere Wohnung. Das abendliche Licht schien durch die Balkonfenster. Ihre Anspannung wich: Die ausgeräumten Zimmer kamen ihr plötzlich geräumig vor, einladend in ihrer Einfachheit und Überschaubarkeit. Eine Nachbarin schaute herein und fragte sie, was sie hier noch wolle. – »Bleiben«, antwortete sie. Und zu sich selbst: »Ich bleibe.« Sie atmete befreit durch. Seither begleitete sie das neue Traumbild der ausgeräumten Wohnung in ihrem Alltag.

Einige Wochen später kehrte sie aus dem Ausland zurück, wo sie an einem Kongress über das Motiv der Entrümpelung gesprochen hatte, entschlossen, die Entschlackung ihrer eigenen Wohnung auch real vorzunehmen. Sie nahm sich zuerst zwei Tage Auszeit, wusste sie doch, was für einen Aufwand das Wegwerfen bedeutete, wenn sie nur an ihren letzten Umzug dachte. Es fiel ihr leicht, ihre teure Garderobe einschließlich kostbarer Schuhpaare auszusortieren und in Säcken für die Caritas bereitzustellen. Unbesehen, geradezu schwungvoll warf sie zahlreiche

Arbeitsunterlagen, Abhandlungen und Aufsätze, alte Dossiers und Dokumente in Bananenkartons. Genauso leicht von der Hand ging ihr das Entrümpeln bei Einrichtungsgegenständen: einem Teppich, einer Truhe, einem Tischlein. Dann stieß sie auf alte Schuhschachteln voller Fotos. Bilder aus ihrem Leben, die sie lange in den Händen hielt, um sich in vergangenen Zeiten zu verlieren. Bilder ihrer anmutigen Mutter; Bilder ihres schneidigen Vaters; Bilder von ihr selbst in jungen Jahren, auf Liebreiz und Gefallen bedacht, später als strahlende Mutter, die stolz ihr geliebtes Kind auf dem Schoße hält; Klassenfotos aus der Schulzeit, auf denen sie auffallend keck wirkte; Schnappschüsse von einem Prominentenball der Stadt schließlich, auf dem sie zum trägerlosen Ballkleid falsche Wimpern trug und gehörig Glamour verströmte. Die Zeit verflog. Nicht zum ersten Mal nahm sie sich vor, die Bilder an einem Winterabend in aller Ruhe zu ordnen. Nun aber stellte sie die Schuhschachteln dahin zurück, wo sie seit Jahren standen. Als sie die Sperrgutabfuhr bestellte, genoss sie die buchstäbliche Vorstellung, »sperriges Gut« abzuführen. Doch den ungezählten Büchern, an denen sie wirklich hing, war sie bisher elegant ausgewichen: Fachliteratur, feministische Literatur, Weltliteratur; Lyrik von Klassik bis zur Gegenwart; Bildbände ihrer bevorzugten Kunstschaffenden; Hefte aktuellen Zeitgeschehens; Lexika, Kinderbücher … Sie pendelte von einem Raum zum anderen und wieder zurück durch den Verbindungsgang ihrer Wohnung zu ihrem Arbeitsplatz. Dann blieb sie vor einem Bücherbord stehen und merkte, wie sie zusehends zaghafter wurde. Der Vorsatz zu räumen wich Fragen nach nicht auffindbaren Lektüren, an die sie sich aber erinnerte. Wo war Jandls »Laut und Luise« hingekommen? Sie hätte diesen Gedichtband niemals ausgeliehen. Wo war »Das Schmetterlingstal« von Inger Christensen? Stattdessen fand sie anderes wieder, das an falscher Stelle einsortiert war. Unter dem Stichwort »Liebe«, zwischen Duras' »Der Liebhaber« und Durs Grünbeins Liebesgedichten fiel ihr eine schmale, doch räumlich deutlich sichtbare Lücke auf. Wo hatte sie dieses Büchlein nur hingelegt? Ein gewisser Hang zum Durcheinander war ihr nicht abzusprechen, auch wenn nur wenige Menschen diese Seite von ihr kannten. Sollte sie nicht wenigstens all die Wörterbücher aussortieren, die sie in doppelter Ausführung besaß? Sie stand vor ihrem Bücherreichtum, ging auf und ab, unschlüssig und unfähig, sich von Büchern zu trennen, nicht einmal von denen, die sie bis anhin nicht gelesen hatte.

Kleinlich und egoistisch, so kam sie sich vor und war froh, dass ihr in ihrem unschlüssigen Tun niemand zusah. Trübsinn überkam sie. Sie stoppte ihre Entrümpelungsaktion. Ihre Großmauligkeit begann sie zu stören. Ihre vor kurzem herausposaunten Worte zerbröckelten. Dann wollte sie sich etwas Musik auflegen, sah im Glasschrank die unzähligen CDs und Schallplatten, die darauf verwiesen, dass sie ja doch stets nur ein paar wenige hörte, ihre Favoriten. Und sie ließ es bleiben.

Als sie am nächsten Morgen aufstand, tat sie sich noch immer schwer mit sich. Doch sie ließ die Bücher in Ruhe dort sein, wo sie waren.

Gegen fünf Uhr abends rief das älteste der Enkelkinder an: »Weißt du was, wir lesen ›Tom Sawyer und Huckleberry Finn‹ in der Schule.« – »Ich habe von deinem Urgroßvater noch ein Exemplar, soll ich es dir auf die Seite legen?« – »Ja, megacool«, sagte die Enkelin.

Tags darauf stieß sie auf das Büchlein, das zwischen Duras und Grünbein gefehlt hatte: »Brief an D.« von André Gorz lag auf der Kaminbank zwischen liegen gebliebener Post. Sie fuhr mit der Kuppe ihres rechten Mittelfingers darüber und stellte es unter »Liebe« zurück ins Regal.

Der Schutzraum des Heiligen

An diesem Abend trank sie ohne Maß. Unschlüssig blieb sie nach der Arbeit in einer Bar sitzen. Zu Hause öffnete sie dann eine weitere Flasche Rotwein. Und begann wieder zu sinnieren. Sie hatte sich doch bewusst auf dies alles vorbereitet. Sie gehörte nicht zu denen, die abwarteten, was da kommen möge. Auch nicht zu denen, die rasch zu einer neuen Aufgabe wechselten. Und auch nicht zu denen, die sich in familiäre Privatheit zurückzogen. Wenn schon, gehörte sie eher zu denen, die eine solche Entscheidung vertagten. Doch jetzt war sie fällig, fast ohne ihr Zutun an sie herangetreten. Sie ging immerhin in ihr siebzigstes Jahr.

Obwohl der Schlüssel, den sie suchte, nur ein Ersatz für den Hauptschlüssel war, biss sie sich an ihm fest. Sie war im Begriff, ihre Praxis aufzulösen, und hatte die Räumlichkeiten gekündigt. Den zweiten Schlüssel benötigte sie für die Übergabe zurück an die Verwaltung. Gleichwohl war er nicht zu finden. Sie tastete sich gedanklich durch ihre Alltagswelt, ihre Wohnung und ihre Arbeitsräume, sie ging die täglichen Kontakte mit Menschen durch – ergebnislos. Das Gesuchte blieb verschwunden. Abschied von einer Epoche nimmt man nicht im Schlüsselumdrehen. Sie hätte es wissen müssen.
Trotz ihres Alters (oder gerade seinetwegen) fiel ihr das Los-

lassen schwer. Am Leben von Menschen Anteil zu nehmen, ihren ureigenen Geschichten zu begegnen – manchmal über ein paar Stunden, manchmal über Jahre, manchmal nach Jahren wieder –, dies alles hatte sie weit mehr besetzt, belastet und beglückt, als ihr lieb war. Und die mit diesem Geschehen verbundenen Arbeitsräume gingen ihr ebenso nahe. Aber sie ließ die Trauer über den bevorstehenden Verlust nicht zu. Stattdessen sprach sie von einem lachenden und einem weinenden Auge. Dass die Menschen, die in ihren Praxisräumen ein- und ausgegangen waren, auch in ihrem Herzen ihren Platz hatten, verdrängte sie, wohl um den Trennungsschmerz nicht anrührender zu machen.

Ja, sie mochte diese von Geschichten bewohnten Räume. Geprägt durch ihre Schlichtheit, unterstützten sie Menschen in meist schwieriger Lebenssituation. Sie boten ihnen Schutz, um in eigene Ressourcen wieder Vertrauen zu fassen, sich zu sammeln und zu spiegeln, sich zu ermutigen und Perspektiven zu entwickeln. Sie hatten durch ihre Unverstelltheit und ihre hellen, leeren Wände geholfen, Klarheit zu schaffen. Ein weicher, graubrauner Teppich lag auf dem Boden, Wärme spendend für menschliche Kontaktaufnahmen. Auch ein Wink aus der Natur war immer im Raum, wenn man ihn denn bemerken wollte. Im Frühling grüßten zuzeiten Kirschblüten. Im Sommer waren es gelbrote Rosen oder blauer Rittersporn. Goldfarbene Blätter lagen im Herbst manchmal wie zufällig auf dem Tisch oder am Boden, als hätte der Wind sie hereingeweht. In ein Tongefäß gesteckt, konnte man im Winter kahlbraune Äste, Tannzapfen oder einen dunkelroten Weidenbesen finden, die von der kalten

Jahreszeit zeugten. – Das Verschwinden des Schlüssels blieb ihr rätselhaft. So beschloss sie, die Orte aufzusuchen, die ihr Aufschluss über seinen Verbleib geben könnten.

Am folgenden Tag ging sie zum Fachhändler auf der gegenüberliegenden Straßenseite, der ihr vor Jahren ein Fotokopiergerät verkauft und es vor nicht so langer Zeit repariert hatte. »Könnte es sein«, fragte sie ihn, »dass sich mein Praxisschlüssel noch bei Ihnen befindet? Ich bin auf der Suche nach ihm.« Seine Frau, die auch im Geschäft tätig war, hörte die Frage mit. »Sie müssen San Onofre anrufen«, schaltete sie sich ins Gespräch ein. »Er wird für Sie suchen.« Der Fachhändler lachte verlegen. Er glaube nicht an Heilige, meinte er abwehrend. Die Ratsuchende aber horchte auf und bat die Frau mit dem leicht fremdländischen Akzent, den Namen des Heiligen für sie aufzuschreiben. »S a n   O n o f r e«, so schrieb die Frau mit sorgfältiger Schrift auf ein Stück Papier und übergab es ihr. Dankend steckte sie den Zettel in ihre Agenda, wenig gewohnt im Umgang mit Heiligen. Beim Verlassen des Geschäfts begegnete sie überraschend einem alten Freund, dem sie – noch beeindruckt vom Vorgefallenen – von San Onofre erzählte. Er zückte sofort sein neu erstandenes I-Phone und begann den Heiligen per Tastendruck zu suchen. In der freien Enzyklopädie Wikipedia wurde beschrieben, dass »Onofre« auf die lateinische Form des Onuphrius zurückzuführen sei, die wiederum auf den altägyptischen männlichen Vornamen Wen-nefer zurückgehe. Der Name, Beiname des ägyptischen Gottes Osiris, bedeute »das ewig gute Wesen« und bezeichne den Schutzpatron der Weber, im Glauben des Volkes auch den der Prostituierten, der von sexuellen Übergriffen

Bedrohten, der Keuschheit, Gewährsmann für guten Tod, so Wikipedia, hinweisend auf eine der Legenden um den Heiligen.

Anschließend ging sie zum Blumengeschäft ein paar Hauseingänge weiter stadtauswärts, in dem sie schon über zwei Jahrzehnte Kundin war. Der Besitzer, floristisch ein Kenner, hatte vor nicht allzu langer Zeit auch Pflanzen für ihren Balkon geliefert. Vielleicht hing ihr Schlüssel immer noch an seinem Schlüsselbund für die Kundschaft, so malte sie es sich aus. »Ich kann meinen Ersatzschlüssel zu meiner Praxis nirgends finden«, sagte sie, »und da ich meine Berufstätigkeit beende …« Doch auch der Blumenhändler bedauerte und fügte an: »Wir werden Sie vermissen.« Seine Worte taten ihr gut, wenn auch im Verborgenen.

Dann klingelte sie beim Zahnarzt, dessen Praxisräume auf dem Stockwerk neben den ihren lagen. Sie hatte bei ihm ab und zu den Ersatzschlüssel für Benützer ihrer Räumlichkeiten hinterlegt. »Schade, dass du weggehst«, sagte er. Auch dieser Satz tat ihr merklich gut. Doch der Zahnarzt konnte ihr ebenso wenig weiterhelfen, wollte aber zur Sicherheit noch bei seiner gerade abwesenden Praxisassistentin nachfragen, die zwei Tage später an ihre Türe klopfte. Auch sie bedauerte, dankte ihr stattdessen für die angenehme Nachbarschaft über die Jahre und wünschte ihr für ihr nächstes Lebensprojekt das Beste. Die unerwartete Zuwendung der jungen Frau rührte sie an und machte sie etwas verlegen.

Darauf telefonierte sie von der Praxis aus mit ihrer Schwiegertochter, die während ihrer Abwesenheiten schon die Blumen in den Arbeitsräumen gegossen hatte. Diese durchforschte ihr

Schlüsselarsenal, doch den gesuchten fand sie nicht. Zum Vorschein aber kam, welch glücklicher Zufall, ein verloren geglaubter Schlüssel, den die Verwandte schon lange suchte. Die beiden Frauen lachten über ihre unordentlichen Seiten und die jüngere wünschte der älteren Erfolg bei der Suche.

An diesem Abend ging sie mit San Onofre in Gedanken nach Hause.
Abends fand sie in einer Mail einen Text über die Geschichte von Onuphrius dem Großen, entnommen einem ökumenischen Heiligenlexikon. Der Freund, dem sie am Morgen auf der Straße vom Schutzpatron erzählt hatte, ein neugieriger Forschertyp, als den sie ihn kannte, hatte sich in der Zwischenzeit im Internet auf seine Spuren begeben. Da fand sich der Name Onuphrius in wunderschönen Hieroglyphen abgebildet, die, in der Reduktion auf ein Quadrat beschränkt, einen liegenden Hasen auf dem Boden über zwei wogenden Wellen neben einer Kreuzkapelle zeigten.
Auf einer Ikone fand sie den Schutzpatron bildhaft dargestellt als ernsten, großen Mann mit wildem Haar, bodenlangem Bart und einem Blätterschurz um die Lenden. Eine der Legenden besagte, dass er sechzig Jahre in einer Wildnis gottselig gelebt habe und, an Tugenden und Wundern glänzend, zum Herrn gewandert sei. »Vergiss nicht, ihm ein Opfer zu bringen«, schrieb der Freund am Schluss seiner Mail und grüßte in Verbundenheit. Zu diesem Zeitpunkt schmunzelte sie noch darüber.

Der folgende Tag war dem Unterrichten gewidmet. Es war ihr letzter Arbeitstag am Institut, das sie mitgegründet hatte. Sie öffnete den vertrauten Wandschrank des Seminarraums, um ihre Unterlagen hineinzulegen. Da erblickte sie darin drei schon länger vermisste, lichtgraue Pelzreste, die ihr ein Kürschner vor langer Zeit geschenkt hatte. Sie stammten von einem Luchs. Gebraucht hatte sie die Fellstücke jeweils als Sinnbild für das menschliche Bedürfnis nach Zuwendung. Nachdem sie auch das Unterrichten quittieren würde, waren sie für den Theaterfundus zum Spiel mit ihren Enkelkindern vorgesehen. Geradezu glücklich, sie wiedergefunden zu haben, dachte sie an die neue Aufgabe, die auf sie zukommen würde.

Auf dem Heimweg erstand sie am ihr vertrauten Kiosk eine Tageszeitung. Der Verkäufer, ein älterer Mann türkischer Herkunft, im deutschen Sprachraum heimisch geworden, spielte – den ganzen Tag über, wie ihr schien – im Hintergrund Musik aus seinem Kulturkreis ab. Wer bei ihm kaufte oder für eine Plauderei stehen blieb, tauchte kurz in eine Welt zwischen Orient und Okzident ein, ob er wollte oder nicht. Sie konnte mit dieser Art Musik nicht viel anfangen, geschweige denn unterscheiden, ob die Klänge nun aus dem Balkan oder dem Nahen Osten kamen, dem Volkstanz oder Bauchtanz zuzuordnen waren, kurdisch oder türkisch gesungen wurde. Dessen ungeachtet, trugen die Töne sie hier auf der Straße, inmitten ihres Wohnquartiers, für Augenblicke davon und sie empfand sich für kurze Zeit als Teil einer ganz anderen Welt als der ihren. Und das war ein gutes Gefühl. So legte sie ihre mit Kleingeld gefüllte Plastiktüte auf die Zeitungsauslage. Während sie darin nach Münzen kramte, kam ihr der seiner Heimat musikalisch treu gebliebene Händler zuvor. »Haben Sie Ihre Geldbörse verloren?«, fragte er. »Ich habe eine für Sie.« Und schon streckte er ihr einen mittelalterlich anmutenden Geldsack aus grünem Samtpapier entgegen. »Wie praktisch«, erwiderte sie und nahm den Beutel dankend entgegen. Sie schenkten sich ein freundliches Lachen und sie ging guten Mutes mit Neu- und Wiedergefundenem nach Hause.

Am Abend rief sie eine liebe Bekannte an und schilderte ihr ihre Lage. »Schau in all deinen Handtaschen nach«, ermutigte diese sie. »Du wirst sehen, es passieren noch Wunder.« Sie schmunzelte erneut, dachte sie doch sofort an San Onofre, von dem die Befreundete nichts wissen konnte. Dann dachte sie an die drei Taschen aus Leder, die sie besaß. Zwei von ihnen hatte sie schon lange nicht mehr gebraucht. Die eine lag in einem Schrankfach über der Wäsche. Sie nahm sie heraus, betrachtete sie und fühlte sich an den brutalen Einbruch vor einem halben Jahr erinnert: Es war am helllichten Tag zur Mittagszeit geschehen. Die Wohnungstüre wurde gewalttätig aufgebrochen, die Diebe durchwühlten alle Schränke, räumten die Schubfächer aus und rafften alles, was an Geld und Schmuck zu finden war, zusammen. Es fiel ihnen ein stolzer Geldbetrag in die Hände, eine zwei Stunden zuvor vom Postboten gebrachte Summe, noch auf dem Tisch liegend, und im Wäscheschrank eine Tasche mit Familienschmuck. Sie war sehr unglücklich gewesen damals und hatte sich zugleich schuldig gefühlt. Der Schmuck war nicht versichert gewesen. Doch nicht wirklich dies schmerzte sie, sondern die Tatsache, dass er ein Andenken an ihre verstorbenen Großeltern, Eltern und Verwandten war und für sie Bindungen, Verbundenheit und Zugehörigkeit über drei Generationen hinweg bedeutete.

Ob die Einbrecher ihren Ersatzschlüssel im Zuge des Beutefangs mitgenommen hatten? Mehr der Vollständigkeit halber öffnete sie auch den Kleiderschrank und tastete, sich auf Zehenspitzen streckend, das oberste Tablar ab. In der hintersten linken Ecke spürte sie die lange nicht mehr gebrauchte zweite Tasche auf. Sie zog sie hervor und traute ihren Augen nicht. Die Diebe hatten wohl in der Eile dieses Versteck übersehen, das ihr bis jetzt selbst nicht mehr gegenwärtig gewesen war. Sie setzte sich an den Küchentisch und legte fast zärtlich Stück für Stück ihres wiedergefundenen Familienschmuckes vor sich aus. Besonders lieb waren ihr die elegante Taschenuhr ihres lebensfreudigen Großvaters und die verzierte Schmuckuhr ihrer damals schwerhörigen Großmutter an einer langen silbernen Kette. Sie musste zu ihrer Zeit ein aus Kuhhorn gefertigtes Hörrohr ans Ohr setzen, um ihre Enkelin zu verstehen. So hatte sie die alte Frau in Erinnerung. Damals war ihr das komisch, ja belustigend vorgekommen. Etwas besonders Kostbares war der weißgoldene Brillantring, der funkelte, wenn man ihn im Licht drehte. Er hatte einst ihrer sonst so bescheidenen Mutter gehört, ein Geschenk ihres Vaters zur silbernen Hochzeit – und nochmals Jahre später dann eine Gabe an die Tochter. Des Weiteren fand sie die goldenen Ringe ihres Vaters, einer davon mit Initialen versehen. Manchmal schlecht bei Kasse, hatte er seinen Schmuck mitunter zum Pfandleiher gebracht. Dies wiederum hatte die Mutter ihr später erzählt. Gerade deshalb mochte sie die Ringe besonders, denn sie erinnerten sie an ihre Kindheit, zu der gehörte, dass das Familienbudget gegen Ende des Monats oft knapp war. Nur dank ihrer Mutter ging die Rechnung irgendwie doch immer wieder auf. Zu ihrem Schatz gehörten auch drei Goldstücke, die sie am Ende ihrer Jugendzeit von ihren Eltern bekam und nie hatte veräußern mögen, weil sie ihr für Verbundensein, Ermutigung und Glück im Leben standen. Auch die venezianische Brosche mit passenden Ohrringen fand sich, eine wunderschöne Mosaikarbeit aus kostbaren Steinen von ihrer nach Amerika ausgewanderten Tante. Gerade sechs Jahre war sie gewesen, als diese ihre Überseekoffer packte. Das kleine Mädchen hatte stets an den Lippen der geliebten Tante gehangen, wenn sie Fortsetzungsgeschichten erfand und so packend erzählte, dass ihr diese Abenteuer bis heute geblieben waren.

Mitternacht war längst vorbei, als sie sich all ihre Schmuckstücke, ein rundes Dutzend an der Zahl, umhängte und ansteckte. Für sie war das Geschehene ein Wunder, auch wenn das Wunder sich erklären ließ.

Tags darauf suchte sie den Floristen auf, kaufte eine Rose und ging damit zum Fotokopiergeschäft. Der Händler und seine Frau waren beide da, die Frau studierte gerade einen Warenkatalog. Nun erzählte sie ihre Wundergeschichte vom Vorabend, die bis in die Nacht hinein gedauert hatte. »Es gibt noch andere Heilige, die helfen, Verlorenes wiederzufinden«, sagte die Frau sichtlich befriedigt und hob ihren Kopf, »aber San Onofre ist mir unter ihnen der sympathischste.«

Sie ging hinter die Theke und reichte der Frau die Blume. »Danke«, sagte diese fast schüchtern. Sie fragte interessiert: »Könnte Ihre Muttersprache Spanisch sein?« – »Ich komme aus Peru.« Die Frau strahlte. Und nun mischte sich der Händler ein: »Ja wissen Sie, meine Frau – in Peru glaubt man noch an Heilige. Dieser Don ...« – »San Onofre«, verbesserte seine Frau

und sagte selbstsicher zu ihr gewandt: »Sie sind aufgenommen in den Schutzraum des Heiligen.«
Am Nachmittag folgte die Übergabe ihrer Praxisräume an die Verwaltung. Die Angestellte erklärte ihr sachlich, dass sie ohne die Rückgabe des Ersatzschlüssels leider das Türschloss ersetzen und einen neuen Zylinder einbauen lassen müsse. »Wir werden Ihnen die Summe von der Rückerstattung des Mietdepots abziehen«, fügte sie noch an. »Tun Sie das«, erwiderte sie ruhig. In Gedanken war sie bei San Onofre.

Abends fand sie zu Hause einen Brief der Stiftung »Kind und Aids« in ihrer Post. San Onofre war einverstanden, dass sie den Einzahlungsschein ausfüllte und in seinem Namen eine Spende überwies. Dann gönnte sie sich ein Glas Wein, auf sein wildes Haar zutrinkend und seine einsamen Wüstenjahre.

La Strada

Ohne ein Erdulden der Strapazen gibt es kein Hinkommen: Will man zur Casa La Lucertola, gibt es nur diese eine Straße. Auf dem Katasterplan heißt sie Strada Guercia secca, doch Strada forestale, »Naturstraße«, nennt man sie hier im Alltag. Ob zu Fuß oder zu Pferd, per Auto, Transporter oder Traktor, mit dem Fahrrad oder Motorrad: Jeder muss sie passieren, will er zu diesem Haus in der Maremma, eine Stunde südlich von Siena zwischen Gabellino und Ghirlanda gelegen, verborgen inmitten wild wuchernder Natur.

Die von Schlaglöchern durchsetzte, immer wieder abschüssige, jedes Gefährt durchschüttelnde Straße ist der Frau jedes Mal ein Gräuel. Doch ist die Wegstrecke durch den Wald geschafft, steht man unvermittelt vor einem Tor. Zwei verwitterte Steinsockel mit Flügeln aus verzinktem Eisenblech, ohne anschließende Einzäunung des Grundstückes, markieren die Abgrenzung zwischen öffentlichem und privatem Raum. Eine Reihe alter Zypressen weist den Weg zum Haus, das mit seiner ockergelben Farbe schon vom Portal aus zu sehen ist. Rechter Hand ist hügelaufwärts ein schachbrettartig gegliederter Olivenhain von etwa hundert ausgewachsenen Bäumen zu sehen. Sie sind dreißig bis fünfzig Jahre alt. Ein kundiger Nachbar hat sie letztmals im Frühjahr geschnitten. Eine Arbeit, die jedes zweite Jahr fachmännisch ausgeführt werden muss, will man die Bäume gesund und fruchtbar erhalten. Noch sind die weißen Schnittflächen der Äste zwischen den silbern schimmernden Baumkronen zu bemerken. Links der Straße leuchten zu dieser Jahreszeit violett blühende Lavendelbüsche in einem schnurgerade angelegten Feld. Unzählige Schmetterlinge umgaukeln die Blüten. Es riecht nach sommerlichen Düften wie Lavendel, wildem Oregano und Rosmarin. Und ob sie will oder nicht, das rhythmische Zirpen der Zikaden in den Wipfeln der Bäume nimmt sie in Besitz. Die alten Eichen und Kastanien unter dem blauen Himmel geben dem Ort etwas Gehaltenes. Die zwei Unterstände für gespaltenes Holz, zwischen Haus und Nebenhaus aufgeschichtet – es dürften rund acht Ster sein –, erzeugen eine organische Ordnung des Hofes. Wenn sie hier ist, kommt es ihr zur Zeit der Siesta am frühen Nachmittag oft so vor, als würden an diesem Ort auf geheimnisvolle Weise Vergangenheit, Gegenwart und Zukunft eins.

Es ist Sommeranfang laut Kalender, obwohl die Hitze schon seit Mitte Mai die Gegend dürsten lässt.
Auch die Zufahrtsstraße zu ihrem Haus ist ausgetrocknet. Die Frau kennt sie seit über fünfundzwanzig Jahren in entweder ausgedörrtem oder überflutetem Zustand. Auch heute hat ihr Auto sie nur widerwillig bewältigt. Bald erwartet sie Gäste und die Strada forestale, die den Wagen der Besucher in einen Schüttelbecher verwandeln wird, ist ihr einmal mehr eine Peinlichkeit. Man hätte sie schon längst sanieren müssen, doch keiner denkt nur im Entferntesten daran. Das Anliegen, sie gemeinsam mit der Kommune zu reparieren, ist immer wieder kläglich

gescheitert. Die Behörden weisen das Ansinnen zurück an die Antragsteller, die sich wiederum mit den anderen Benützern nicht einigen können. Die Strada instand stellen, wozu? Sie ist doch noch befahrbar.

Die Temperatur steigt von 22 auf 33 Grad. Staubwolken hängen über der Strada forestale. Die Straße beginnt bei der Abzweigung von der Regionalstraße mit einem Steilhang von 25 Prozent Gefälle, der sich beim Einstieg in ein unberechenbares Gelände öffnet. Sind die ersten hundert Meter überstanden, tut sich eine kreisförmige Waldlichtung auf. Sie dient den Holzfällern bis weit in den Sommer hinein als Zwischenablage beim Umladen und Abtransportieren von geschlagenem Holz. Der Platz wird auch für Picknick im Freien und Liebesleben im Auto gebraucht. Verpackungsmaterial und Kondome zeugen davon. Spargelsucher nutzen ihn im Frühling zum Parkieren, Pilzsammler im Herbst und Jäger über die Jagdsaison von September bis Februar. Man hätte die Waldlichtung auch »Scarica di rifiuti«, Abfallgrube, nennen können.
Nach der Lichtung biegt man in eine Rechtskurve ein. Wieder Steilhang. Wieder Geröllhalde. Doch der Abfall nimmt ab. Erst danach geht es einigermaßen geradeaus in einem wild zerfurchten Bachbett, knapp 3,5 Meter breit und etwa 1,5 Kilometer lang.
Zweimal im Jahr verwandelt sich ein Stück der Straße in eine Motocross-Strecke. Dieselbe Passage dient manchmal als Reitweg für Touristen zu Pferd; seit die Fahrräder geländetauglich geworden sind, finden auch noch Pedaleure Gefallen an dem Holperweg.

In den ersten Jahren in der Casa La Lucertola hatte sie oft eine Plastiktüte mit auf den Weg genommen und sich nach den weggeschmissenen Konservendosen, Zigarettenpäckchen, PET-Flaschen und Patronen der Jäger gebückt. Doch mit der Zeit verging ihr die Lust, sich um den Abfall ihrer Artgenossen zu kümmern. Man sollte dem Mist das Laufen lehren, damit er von selbst zu den Verursachern zurückfindet.

Wenn sie die Straße zu Fuß nimmt, nennt sie sie manchmal »Strada della Cacca«. Man kann hier kaum einen Fuß vor den anderen setzen, ohne auf Tierkot zu stoßen. Alle sind sie dabei präsent: das Wild- und das Stachelschwein, der Dachs, der Fuchs und der Hase, Reh, Pferd und Maultier ebenso. Auch ihr Hund hat längst begonnen, zwischen scharfkantigen Steinen und ausgeschwemmten Gräben seine Exkremente als Duftmarken zu setzen.

Damit hatte sie nicht gerechnet: Gestern Samstag am späten Nachmittag balancierte sie zu Fuß auf der Straße. Sie stolperte mehr, als dass sie ging, den Kopf auf den Boden gerichtet, als würde sie Golddukaten suchen. Doch dann traute sie ihren Ohren nicht. Das waren Trompetenklänge, und was für welche: Das war unverkennbar die Trompetenmelodie aus Miles Davis' Song »So What« von »Kind of Blue«. Das Stück hatte sie seit den sechziger Jahren in den Ohren. Sie setzte sich auf einen Baumstrunk am Wegrand, den Hund neben sich, und lauschte.
Der leichte Nachmittagswind begleitete den Sound, der manchmal abrupt abbrach und dann wieder ansetzte. Aller Unmut fiel von ihr ab. Sie blieb wie angewachsen sitzen und begann die

Leitmelodie mitzusummen, auch noch, als die Musik längst verklungen war. Dann hörte sie ein Auto kommen. Es war ein kleiner Fiat mit offener Ladefläche. Er gehörte dem Säumer, dessen Maultiere für die Holzfäller Baumstämme die Steilhänge hinaufzogen. In Blechkanistern abgefüllt, brachte er täglich das nötige Wasser für seine Zug- und Lasttiere zur Tränke. Sie wusste vom Säumer, war ihm aber noch nicht persönlich begegnet. Er sah sie mit ihrem Hund am Wegrand und hielt an. Den linken Arm auf die heruntergelassene Scheibe gestützt, drehte er die Hand leicht zum Gruß ab, was sie ähnlich leger erwiderte. Im Aufstehen erkannte sie sofort, dass auf dem Nebensitz seines Wagens ein Instrumentenkasten lag. »Sie spielen im Wald«, stellte sie fest. Er zeigte in die Richtung, aus der er gekommen war. »Meine Mulis brauchen Wasser, ich brauche die Trompete, übe im Freien. Zu Hause kann ich das nicht. Die Wände sind zu dünn für Miles.« Sein lachender Mund gefiel ihr. »Sie verzaubern den Wald«, sagte sie und übertrieb: »Die Bäume berauschen sich an Ihren Klängen.« Dabei dachte sie, dass sie besser das sandfarbene Kleid hätte anziehen sollen, das ihren bronzenen Teint zur Geltung brachte. Ob sie die Signora vom Architetto sei. Auf ihr Nicken hin sagte er: »Ich kenne das Haus, que bel posto con i alberi vecchi.« »E vero«, erwiderte sie und merkte jetzt, wie sie das kurze Gespräch leicht zu verunsichern begann. Sie machte Anstalten zu gehen. Zum Zeichen des Abschieds erhob sie etwas weniger locker als zuvor die Hand. »Piacere«, sagte sie. »É tutto mio«, erwiderte er. Von diesem Nachmittag an war die Straße nicht mehr dieselbe.

Eine Woche ist es her, seit sie anders hört, anders riecht, anders schaut, wenn sie die Strada nimmt, auf ihr stehen bleibt oder sich nach etwas bückt. Sie beginnt sich für die Exkremente der Säugetiere zu interessieren und lernt zu unterscheiden zwischen der Losung des Fuchses und des Dachses. Sie ähneln sich zwar in der Art, doch Tasso – so der italienische Name des Dachses – lässt seine Sache in einer kleinen Vertiefung liegen, die das Tier in der Erde auskratzt. So viel kann sie bereits auseinanderhalten. Reinekes Kot, wie Tassos, ist in der Regel an dem einen Ende der Losung schraubenförmig zugespitzt, aber man findet ihn häufig auf einem Baumstrunk oder auf einem Stein. Von da kann sich sein Duft besser ausbreiten, denn das schlaue Raubtier benutzt seine stark riechenden Exkremente auch zur Markierung seines Reviers. Blauschwarz schillernde Käfer scheinen sich an der frischen Losung der Waldtiere satt zu essen. Sie beobachtet auf der Straße, wie die Insekten Kotballen schleppen oder sich in ihrer frischen Wärme einnisten. Sie hilft ihnen mit einem Blatt oder einem Stück Rinde wieder auf die Beine, wenn sie hilflos auf dem Rücken zappeln. Sie kauert am Boden, vergisst abermals die Zeit. Sie grüßt die Büsche und Blumen an den Wegrändern, den längst verblühten Besenginster, die wilden pastellfarbenen Wicken, die lichtblauen, meterhoch aufgerichteten Wegwarten in Nachbarschaft von strohweißen Haferhalmen. Und sie gibt den saftgrünen Blättern der Walderdbeere einen späten Dank, deren reife, rote Früchte sie im Mai gepflückt hatte, um sie direkt im Mund zergehen zu lassen. Inzwischen hat sie das Gefühl, dass die Strada ein bisschen ihr gehört. Sie schaut nach den Höhlenein- und -ausgängen der Wildtiere und stellt Hypothesen auf, zu wem sie wohl passen könnten, um anschließend im Bestimmungsbuch für Tierspuren nachzuschlagen. Sie winkt dem Specht zu, den sie im Kastanienbaum über sich rhythmisch klopfen hört. Ist neuer Abfall auf der Straße, räumt sie ihn wieder weg oder nimmt den Unrat mit, um ihn auf ihrem Hof zu entsorgen. Manchmal sehnt sie sich nach den Miles-Davis-Klängen aus der Trompete des Säumers.

Dieses Jahr sind die Wegfurchen so tief geworden, die Straße so ausgeschwemmt, das zackige Gestein so scharfkantig, dass sie fürchtet, die Spaziergänge bald aufgeben zu müssen. Daran merkt sie, dass sie alt geworden ist. Auf ihren Gleichgewichtssinn ist kein Verlass mehr. Diese Tatsache stimmt sie manchmal traurig. Doch die Melancholie verfliegt, wenn sie daran denkt, dass sie Großmutter von drei Enkelkindern geworden ist. Die Eltern ihrer einen Enkelin werden in vierzehn Tagen mit Sophie anreisen, um das Mädchen eine Weile in ihrer Obhut zu lassen.

Die Straße lässt sie nicht mehr los.
Schon dieses Frühjahr hatte sie zusammen mit dem Architetto allerlei Bemühungen unternommen und dann beschlossen, die Wegstrecke noch diese Saison auf eigene Kosten reparieren zu lassen.
Angelo und Massimo, ein Brüderpaar aus der Gegend, erboten sich im März, mit ihrem Bagger und einer Planierraupe die Arbeiten zu übernehmen. Das hieße: Seitengräben links und rechts der Strada anlegen, die scharfkantigen Steine wegschleifen, Löcher neu füllen, die überhängenden Äste mit der Machete abhauen, um anschließend die Straße mit Breccia, Straßenkies, zu planieren.
Die beiden Männer hatten einst in den Pyrit-Minen der Gegend gearbeitet, bis 1985 die letzte Zeche endgültig stillgelegt wurde.

Zusammen mit der Landflucht hat dies der Gegend die wirtschaftliche Existenzgrundlage entzogen. Für die Bergleute war die damalige Schließung nicht nachvollziehbar gewesen. Ihre gewerkschaftlich organisierten Streiks konnten die Schließung zwar herausschieben, doch nach zwei Jahren mussten sie der Bergbaupolitik der toskanischen Regierung nachgeben. Mit der Schließung der Stollen verschwand aber auch das Geheul aus den Lüftungsrohren. Zum Ausgleich wird seither die Regionalstraße zwischen der Küste und dem Hinterland für den Tourismus ausgebaut. Nach ihrer unfreiwilligen frühzeitigen Pensionierung konnten Angelo und Massimo mit Straßenarbeiten und Olivenölverkauf vom Hain ihrer Familie ein stattliches Zusatzeinkommen erzielen. Der Vertrag zur Straßensanierung wurde im vergangenen April per Handschlag am Küchentisch der Casa La Lucertola besiegelt; die Arbeiten sollten in den darauffolgenden Wochen in Angriff genommen werden. Nun sind bereits drei Monate verstrichen und endlich hat Angelo Zeit, mit Traktor und Ruspa aufzufahren. Doch ausgerechnet jetzt beginnt es nach wochenlanger Trockenheit in Güssen zu regnen. Der Plan des Architetto und seiner Signora, nach Venedig zur Biennale zu fahren, steht seit Langem fest, das Hotel ist seit einem halben Jahr gebucht. Sie werden also in den nächsten vier Tagen nicht hier sein. Mit mulmigen Gefühlen fahren die beiden ab.

Zurück aus Venedig, trifft sie der Anblick der Einfahrt zur Strada wie ein Donnerschlag. Eine braune Brühe bedeckt die Naturstraße. Ein Schlammbett ist sie geworden. Die steile Einfahrt bis zur Waldlichtung sieht aus, als wäre sie von Panzern plattgewalzt worden. Der Parkplatz ist noch einmal erheblich

vergrößert worden, auch wenn das so nicht vereinbart war. Der Abfall ist seltsamerweise liegen geblieben. Ein Eisschrank mit herausgerissenen Kühlaggregaten ist neu hinzugekommen. Die Bäume, die Sträucher, die Blumen und Gräser: Alles zerstört. Alles niedergewalzt.
Angelo ruft nicht an.
Das Paar beschließt abzuwarten.

Angelo ruft an. »Architetto«, sagt er mit sonorer Stimme, »die Strada ist noch nicht fertig repariert. Ich hatte mit dem Traktor eine Motorenpanne. Ein Hydraulikventil musste ausgewechselt werden. Mein Bruder konnte am zweiten Tag nicht kommen. In seinem Bad war ein Wasserhahn undicht geworden, den er reparieren musste.«
Sie hört den Architetto am Telefon ausrasten. »Es reicht!«, schreit er. »Ich fühle mich von dir verarscht.« Das wiederum will Angelo auf keinen Fall auf sich sitzen lassen. »No, no, nicht an mir liegt das Problem«, schreit er mit erhobener Stimme zurück. »Es gab un guasto, eine Panne.« »Basta con le parole«, schreit es auf dieser Seite weiter. »Entweder bist du morgen Samstag um acht Uhr hier oder ich suche mir jemand anderen.« Jetzt geht es um die Ehre. Angelo will sein Ansehen keinesfalls aufs Spiel setzen. Doch er sagt nicht, dass er kommen wird.

Schon um halb acht Uhr morgens sind die beiden Brüder mit ihren Maschinen und 15 Tonnen zusätzlicher Breccia auf dem Platz. »Architetto«, prognostiziert Angelo und umfasst jovial seine Schultern, »la strada sara molto bella.«
Und so ist sie geworden.

Am Sonntagabend ruft Angelo an: »Signora, sind Sie zufrieden mit der Straße?« Sie atmet durch. »Ja, danke, Angelo. Ich bin wieder gut zu Fuß auf ihr.« – »Sehr gern geschehen, Signora. Wir bleiben Amici.«

Die vierjährige Enkelin, die schon im letzten Jahr hier war, wird mit ihren Eltern jeden Augenblick eintreffen. Ein weißes Tuch hängt als Wegzeichen am vorstehenden Ast einer Akazie, da, wo die Strada von der Hauptstraße steil hinunterführt. Dann ist es so weit. Die Großmutter schließt ihr Enkelkind in die Arme und beide drehen sich im Kreis. »Nonna«, fragt Sophie als Erstes, »wieso holpert die Straße nicht mehr?« – »Hätte sie holpern sollen?« –»Ja, das war lustig.«

In den darauffolgenden Tagen streunt sie mit dem kleinen Mädchen durch die Gegend. Sie entdecken zwei Meter neben der Straße, zwischen Farnkraut und wuchernden Winden, eine verspätet blühende, zinnoberrote Lilie. Die beiden legen sich auf den Bauch und zählen ihre gesprenkelten Blütenblätter und ihre Blütenstempel. Sie blasen durch die grasgrünen Lanzenblätter, die die Blume bis zum Boden rundum wie ein langes Kleid umspielen. Das Kind schlägt vor, sie Wunderblume zu nennen. Sie beschließen, den Standort als ihr persönliches Geheimnis zu bewahren.

Es ist der letzte Tag von Sophies Aufenthalt, bevor ihre Eltern sie wieder abholen. Eine leise Wehmut überkommt die alte Frau. Die beiden wollen ein letztes Mal die Straße entlanggehen und sich von ihr verabschieden.

Auf ihrem Weg bemerkt die Großmutter einen auffälligen Stein am Rande der Strada, kurz vor der Abzweigung ins Tal hinunter. Er ist ihr bisher nicht aufgefallen. Das Kind stürzt sich auf ihn. »Nonna«, ruft es aufgeregt. »Das ist eine Schildkröte! Sie bewegt sich!« Sie hocken sich mitten auf die Strada und schauen der hierzulande geschützten Tartaruga zu, wie sie gemächlich ihren Weg geht, um im Dickicht zu verschwinden.

Ihr Enkelkind ist mit seinen Eltern abgereist.
Ihre Gedanken an das kleine Mädchen sind noch ganz frisch und fragil. Das Schweigen der Strada tut ihr gut und lässt ihr Raum, den Abschied zu ertragen.

Heute ist sie im nahe gelegenen Städtchen zum Einkaufen. Bei einem kurzen Espresso an der Bar entnimmt sie einem Gespräch dreier Einheimischer, dass das Waldstück den Besitzer gewechselt habe. Der Großgrundbesitzer der Gegend, bekannt für seine gewagten Geschäfte im Tourismus, sei der Käufer.
»So what?«, murmelt sie an der Theke, mehr zu sich selbst, leert den Kaffee in einem Zug und stellt die Tasse hin, um zu gehen.
»Che dice, Signora?«, fragt die Kellnerin freundlich, die hinter der Bar hantiert.
»Niente«, erwidert sie, »niente«, und winkt ab.

Die Lichtung

Sie war vielleicht einsam als Tochter, aber nicht verrückt. »Ich werde mich von Vater trennen«, sagte die Mutter zu ihr am Telefon. Mit »Vater« meinte sie ihren Ehemann und Vater ihrer drei längst erwachsenen Kinder. »Dein Bruder unterstützt mich«, fuhr sie fort, das jüngste ihrer drei Kinder lobend, und bekräftigte, dass ohne ihren Sohn die Trennung niemals hätte vollzogen werden können. »Ich hoffe, du wirst dich für mich entscheiden«, fügte sie ihrer Botschaft noch bei. »Auch deine ältere Schwester steht auf meiner Seite.«
Die Stimme der Mutter klang leidend und fordernd zugleich. Ihre Erwartungshaltung war für die Tochter unmissverständlich. Vater habe, nachdem er ihren Entschluss schwarz auf weiß in der Trennungsbescheinigung gelesen hatte, seinen Fuß beim Treppensteigen verstaucht. Das werde seinen Auszug aus der Wohnung zwar nochmals um drei Wochen verzögern. Doch es nütze ihm nichts. Es sei endgültig Schluss. Er müsse gehen.
Die Tochter hatte schon beim ersten Satz der Mutter den Atem angehalten. Jetzt riss sie sich zusammen. Das Auf und Ab in der Ehe ihrer Eltern war sie längst überdrüssig geworden und hielt sich wann immer möglich zurück. Sie atmete aus. »Das soll es immer öfter geben«, sagte sie. »Paare, die sich nach 45 Jahren Ehe noch trennen.« Etwas anderes kam ihr zu dieser Neuigkeit

nicht in den Sinn. Die Mutter war weit über sechzig, der Vater eben siebzig geworden.

Es war definitiv nicht ihre Angelegenheit. Sie ahnte jedoch, dass sie im Begriff war, in etwas hineingezogen zu werden, was sie auf gar keinen Fall wollte. »Du bist meine Mutter, mein Vater ist mein Vater«, sagte sie. Sie sprach plötzlich langsam und drosselte ihre Lautstärke. »Ich liebe euch. Beide. Eure Trennung gehört nicht zu mir. Und ich werde mich nicht in ein Lager gegen den einen oder anderen bugsieren lassen.«

Einen Moment lang herrschte Stille am andern Ende der Leitung. Für die Mutter musste das eine harte Ernüchterung sein. Eine enorme Enttäuschung sei sie, die Tochter, bekundete sie. Und sehr verändert habe sie sich. Die Tochter meinte im Unterton mitzuhören: »... verändert sehr zu ihrem Nachteil«. Sie glaubte am Tiefpunkt des Gesprächs mit der Mutter angelangt zu sein, denn die Sache schien ihr bereits entschieden: Sie würde somit ins Lager des Vaters katapultiert und damit gleichzeitig aus dem Lager der Mutter geworfen werden. Die Mutter schien nicht zu verstehen. Sie betonte nochmals, dass ihre beiden anderen Kinder auf ihrer Seite stünden. »Ich muss darüber nicht mehr nachdenken«, meinte die Tochter, jetzt sichtlich genervt, und hob ihren Tonfall an: »Du kannst mit mir nicht rechnen.« Sie konnte und wollte das Ansinnen der Mutter nicht goutieren, obwohl eigentlich nichts Überraschendes darin zu finden war.

Einen Monat später besuchte sie die Mutter. Diese war frisch frisiert und trug ein gepflegtes, dunkles Hauskleid. Die Aufregung bei ihrem Zusammenprall am Telefon schien abgekühlt zu sein. Die Mutter wirkte ohne ihren aus der Wohnung ausgezogenen

Ehemann geradezu beschwingt. Doch des Vaters Zimmer war nicht nur geräumt, sondern neu möbliert worden. »Dein Bruder wohnt vorübergehend hier«, sagte die Mutter, »er wird gleich da sein.« Die Tochter verschüttete den Tee, kippte, was in der Tasse blieb hinunter und stellte sie zurück auf den Tisch. »Ich verabschiede mich«, sagte sie. »Ich suche keine Auseinandersetzung mit meinem Bruder.« Die Mutter tat so, als wüsste sie nicht, wovon die Tochter redete.

Eine Zeit der Stürze folgte. Die Mutter lag bald zum dritten Mal in der Klinik. Das erste Mal hatte sie sich das Handgelenk gebrochen, als sie aus einem Autobus stieg, den Gehsteig verpasste und am Straßenrand hinfiel. Ein zweites Mal stolperte sie in der Wohnung nachts über ein Kabel und verstauchte sich einen Fuß. Dann rutschte sie beim Treppensteigen aus und musste mit einer Schenkelhalsfraktur ins Krankenhaus gebracht werden. Der Sohn kümmerte sich rührend um sie, organisierte eine anschließende Badekur, mietete sich am Kurort in einem Hotel ein und betreute sie täglich in der Rehabilitationsklinik. Dann bestellte er die beiden Schwestern ans Krankenbett der Mutter, um ihre Zukunft zu besprechen. Als die jüngere der beiden eintraf, war die ältere bereits wieder gegangen. Die Mutter lag im Krankenbett und glich einem Kind, das untätig, ja teilnahmslos über sich ergehen ließ, was andere über es befanden und was es selbst nicht zu beeinflussen vermochte. Der Bruder hatte ohne Rücksprache bereits eine vorgefasste Meinung und erwartete, dass die Geschwister den täglich nötigen Betreuungsdienst untereinander aufteilen würden.

Ob sie sich ein Altersheim vorstellen könne, fragte die Tochter die in die achtziger Jahre gekommene, körperlich geschwächte Mutter. Der Bruder fiel ihr ins Wort und antwortete anstelle der Mutter, das käme nicht in Frage. Die Tochter wollte die Meinung der Mutter hören. Die Mutter gab ihr keine Antwort. Sie sah ihren Sohn an. Dieser sah seine Schwester an und beschimpfte sie als kaltblütigen, miesen Charakter, mit dem sie in der Familie dem Vater nachschlage. Die Tochter sah nochmals ihre Mutter an. Dann verabschiedete sie sich von ihr, wütend und traurig zugleich. »Auch du hast hier nichts mehr zu suchen«, schrie ihr der Bruder nach und schloss die abwesende andere Schwester mit ein, als sei er Mutters Türsteher und Familienrichter zugleich. In ihren Augen war das absurdes Theater, doch sie merkte auch, wie sie in Gefühlsnotstand geriet.

Die Tochter hatte ihre Mutter über zwei Jahre nicht mehr gesehen. Die Sache beschäftigte sie mehr, als ihr lieb war. Die Erstgeborene hatte schon längst genug des Gezänks und kehrte der ganzen Familie den Rücken.
Der Zorn der Mittleren auf den jüngeren Bruder war mächtig, überdeckte jedoch nur ihre Traurigkeit über den Verlust der Nähe zur Mutter.

Sie hatte im IC nach Bern Platz genommen und schaute abwesend durchs Fenster auf den Bahnsteig. Dabei schweifte ihr Blick über die herumstehenden Leute, die durch die trennende Scheibe unantastbar schienen, als seien sie alle mit sich und ihren Familien im Reinen. Ihr kam es vor, als wäre ihre Familie die einzige, die ein solch groteskes Kammerspiel aufführte, die es nicht fertigbrachte, drei Geschwister mit ihrer Mutter an einem Tisch zu versammeln, um über ihren letzten Lebensabschnitt zu beraten.

Der im spärlich besetzten Eisenbahnwagen vis-à-vis sitzende Mann sprach sie an und fragte sie, ob etwas mit ihr nicht in Ordnung sei. Sie musste wohl etwas blass wirken, denn ihr war elend zumute. »Doch, doch«, sagte sie. »In Ordnung schon, aber nicht im Reinen.« In Gedanken war sie bei ihrer Geschichte. Wie er das verstehen solle, ohne ihr zu nahetreten zu wollen, fragte der Fremde. Was für eine Albernheit! Sie war selbst erstaunt, dass sie im Begriff war, ihre private Geschichte einem Unbekannten auf der Bahnfahrt zwischen Zürich und Bern zu erzählen. Doch der Mann hatte etwas Gewinnendes an sich, wache, graue Augen, eine warme Stimme und schien ganz Ohr zu sein.

»Ich spreche seit einem Jahr mit einem schütteren, schmächtigen Bäumchen«, begann sie. »Einem Bäumchen als Ersatzbild für meine Mutter.« Sie verzog den Mund zu einer Grimasse und meinte, auf die Gefahr hin, dass sie sich lächerlich mache, ja überspannt wirke, ihm vielleicht sogar verrückt erscheine, wolle sie ihm ein Stück weit erzählen, wie sie das anstelle. Er könne die Geschichte aber auch einfach mit der Zuglandschaft vorbeiziehen lassen. Der Fremde machte eine Kopfbewegung, während der er seine Augen für einen Moment schloss, was ihr zu signalisieren schien, er höre gerne zu. »Okay«, sagte sie, sich dabei selbst kritisch begutachtend. Immerhin war sie dabei, sich einem Wildfremden persönlich zu öffnen. Ein Wagnis.

Fündig geworden sei sie in ihrem Wohnquartier, am nahen Stadtrand, im Gehölz, seitlich einer Waldlichtung gelegen. Ein Erdwall sei es gewesen, der ihre Aufmerksamkeit auf sich gezogen habe. Darauf wachse unter einem stattlichen Kronendach einer einheimischen Rotbuche ein unscheinbares Buchengeäst, winzig und schon schütter geworden. Der eine Ast noch wechselweise beblättert, wenn auch spärlich, der andere schon grau und dürr geworden, gleiche das Bäumchen in seiner Art der Mutter. Sie habe beschlossen, es möglichst häufig zu besuchen, um das Sehnen nach der geliebten Person auf diese Weise zu stillen. Dabei sei ihr das zunächst recht peinlich gewesen. Doch das habe sich gelegt, je öfter sie hergekommen sei, meist morgens früh, unbesehen der Witterung durch den Wald streifend, ihren Hund an der Seite. So schilderte sie dem Fremden ihr Unterfangen, wenn auch verknappt.

Nein, im Reinen sei sie noch nicht, aber im Reineren, fügte sie dem Erzählten noch an, und das Bäumchen helfe ihr eindeutig dabei. Das möge ihm überspannt vorkommen, sagte sie zu dem Fremden fast entschuldigend, aber stellen Sie sich vor, Sie könnten mit Ihrer Frau auf einmal nicht mehr sprechen, trügen jedoch ihre gemeinsame schwierige Geschichte unerledigt mit sich herum. Stellen Sie sich vor, dieser Zustand dauere schon viele Jahre, bis Sie dies alles einer Blumenvase zu erzählen begännen, die sie Ihnen damals geschenkt hat, als alles noch intakt schien zwischen Ihnen beiden, weil sie wusste, dass Sie Blumen lieben. Würden Sie in einer solchen Notlage in der Öffentlichkeit laute Selbstgespräche führen, den Menschen hinter den Bahnhöfen gleichend, die in ihrer Einsamkeit als verrückt oder psychisch angeschlagen gelten?

»Ich bin jetzt durch Sie ermutigt«, sagte er in ernstem Tonfall. Sie war etwas verblüfft über seine Reaktion. Der Fremde sagte, dass er am nächsten Halt aussteigen werde. Ihr schien, dass er dies bedaure. Er klemmte sich sein Notebook und einen Stapel lose, handgeschriebene Blätter unter den Arm und sagte, er habe das Gespräch zu schätzen gewusst. Er grüßte. Dann war er auch schon weg. Sie fuhr bis Thun.

Schon im letzten Winter hatte das Pflänzchen dünn gelichtet an seinem Platz im Schnee gestanden. Es hatte etwas von einem zerbrechlichen, schützenswerten Wesen an sich. Im April und Mai dieses Jahres sprossen keine neuen Blätter mehr an seinem Astwerk. Nichtsdestoweniger freute sich die Tochter, dass an einem Zweig noch die verdorrten Blätter vom Vorjahr dran waren. Würde das Bäumchen das Laub im kommenden Herbst ganz verlieren?
Schneller als erwartet war es wieder August geworden.

An diesem frühen Morgen kam die Tochter zum weit über hundertsten Mal an die Lichtung des Waldes zu ihrem Mutterbäumchen.
Es war gegen sieben Uhr Sommerzeit, als die aufsteigende Sonne die Stelle unter der großen Buche erreichte. Sie warf ihr Licht auch auf das schüttere Bäumchen und hauchte ihm dadurch ein bisschen Leben ein, bevor sie durch ihren Tag weiterzog; ein Sonnenstrahl hielt sich für eine Weile auf dem einen dürren Ästchen; das braunblätterige lag noch im Schatten.
»Guten Morgen, Mutter«, sagte die Tochter. »Ich bitte dich auch heute um ein offenes Ohr für mich.«
Das Bäumchen stand da, als hätte es die Tochter schon erwartet. Die Tochter fuhr fort: »Ich betrachte im eigenen Älterwerden meine aufbewahrten Bilder von dir nochmals ganz anders. Mein

anmaßendes Urteil über dich ist gewichen. Es liegt mir daran, dich es wissen zu lassen. Deine sprichwörtliche Sanftmut, die mich immer wieder in Rage versetzte; ich habe sie erst spät als Güte begriffen, von der ich so viel annehmen durfte, wie ich brauchte. Dafür danke ich dir.

Dein Zögern, einen Standpunkt zu beziehen, habe ich dir lange als Mutlosigkeit ausgelegt; es hat gedauert, bis ich deine Zaghaftigkeit auch als gewährende Haltung verstehen konnte, durch die ich meinen Raum als deine Tochter einnehmen durfte.

Dingen ihren Lauf zu lassen – ich habe es dir lange Zeit als Willensschwäche angekreidet. Erst spät habe ich meine Sichtweise erweitert und auch deine außergewöhnliche Gabe zur Geduld erkannt, im Unterschied zu meinem eigenen Ungestüm.

Verzeih mir. Diese deine Fähigkeit als eine Form der Liebe zu begreifen, dafür brauchte ich ein halbes Leben und nochmals Monate, als mir plötzlich die Besuche zu dir verwehrt waren.

Dein Anruf von damals, es ist lange her, überschritt mein Fassungsvermögen. Du hättest dich mit Hilfe deines Sohnes endlich von deinem Ehemann getrennt, sagtest du. Dass ich nicht gewillt war, für dich Partei zu ergreifen und mich dir gegenüber harsch abgrenzte, muss dir einen Stoß versetzt haben. Du wiederum gabst mir deine Enttäuschung klar zu verstehen. Unabhängig davon konnte und wollte ich nicht von meiner Sicht der Dinge abweichen, obwohl ich fürchtete, deine Liebe zu verlieren. Du verstandest mich nicht in meinem Standpunkt. Ich dich nicht in deinem. Wir litten wohl beide daran. Doch diese Abgrenzung würde ich heute noch genauso ziehen, das bitte ich dich auch zu hören.

Es ist lange her. Gleichwohl will ich das Schmerzhafte als das nicht Vermeidbare stehen lassen, um es in mein Leben einzuordnen. Das ist nicht so einfach, wie es tönt.

Mich zieht es heute aber im Grunde dahin, mich dem unvergesslichen Kindseindürfen in deiner Obhut zuzuwenden.

Etwas wird dich bestimmt freuen.

Erinnerst du dich:

Der Floh, den du mir im Alter von sieben Jahren ins Ohr setztest? Er ist zu einem lebenslangen Freund für mich geworden: Ich spiele noch heute die Handharmonika. Der Vater war überzeugt, dass Musik der Himmel auf Erden sei. Er wollte, dass wir drei Kinder jedes ein Musikinstrument spielen lernten. Du, Mutter, liebtest es, mit uns dreien zu singen. Auch deine Mutter, so erzähltest du mir, habe seinerzeit in ihrem arbeitsreichen Alltag mit neun Kindern viel gesungen. Ich wiederum liebte deine jugendliche Stimme. »Amor, Amor, Amor« war einer der Schlager, die du beim Kochen trällertest. Die Töne für das Gemüt hatten es dir angetan. Deshalb mochtest du die Handharmonika besonders, so sagtest du. Ich wählte damals dieses Tasteninstrument und habe es nie bereut. Die Musette entdeckte ich dank dir. Meine Spielfreude ist bis heute geblieben. Und noch immer hat die französische Tanzmelodie einen Platz in meinem musikalischen Repertoire.

Deine Urenkelin ist es nun, die mich zum Spielen anhält, unbeschwert singt und tanzt zu meiner Handharmonika oder das Tambourin euphorisch dazu schwingt.

Sie ist es, die die familiäre Frauenlinie weiterschreibt. Eindrücklich, was sie mich zu lehren weiß, bloß durch ihr Dasein: neu zu schauen im Mich-Zurücknehmen, statt zuzupacken; zu gewähren, statt zu bestimmen; zu lassen, statt zu tun. Das Kind

lehrt mich schmunzeln, statt zu verwerfen; zuzuhören und zu schweigen, statt zu reden. Du siehst, ich bin auf neuem Weg, am Üben. Erst jetzt bin ich so weit, von dir zu übernehmen, was ich lange meinte in der Ferne suchen zu müssen.«
Überraschend hielt die Tochter einen Moment inne.
Und fuhr dann fort: »Mutter, du kannst getrost sein. Ich kann die Verhältnisse, wie sie in unserer Familie nun einmal sind, jetzt so belassen. Ich fahre nicht mehr dazwischen.«
Die Tochter schien erleichtert.
Dann begann sie zu strahlen:
»Ich habe große Neuigkeiten für dich: Ein Wunder.
Es ist ein Mädchen.
Du bist heute um fünf Uhr in der Früh zum dritten Mal Urgroßmutter geworden. Magdalena heißt das Kind, dir gleich. Magdalena und seine Mama sind gesund und wohlauf.«
Der Tochter schien, ein Blatt des Bäumchens bewege sich leicht. Das Glück und die Trauer vermischten sich in ihren Augen, als wäre es der Morgentau.
Auch an diesem Tag verbeugte sich die Tochter zum Schluss vor dem Bäumchen, wenn auch kaum merklich.
»Danke für dein offenes Ohr«, sagte sie. »Es hat gedauert heute.«
Jemand kam den Weg entlang. Der Bann war gebrochen, sie schickte sich zum Gehen an.

Mutter wohnte schon seit Langem im Pflegeheim.
Die Tochter saß neben der alten Frau im Rollstuhl. Mutter schaute durch sie hindurch. Ihre Augen waren milchig getrübt wie Mondstein. Ihr Blick verriet ihre fortgeschrittene Demenz.

Sie erkannte die Tochter schon lange nicht mehr, geschweige denn, dass sie noch ihren Namen wusste. Die Tochter nahm es nicht mehr persönlich.

»Mutter«, sagte sie und nahm ihre Hand, »bald wirst du 97 Jahre alt. Bald ein Jahrhundert in dieser Welt sein, welch langes Leben du leben darfst.« Plötzlich veränderte die Mutter ihr Schauen, als würde neues Leben in sie zurückkehren. Dann fragte die Tochter: »Was denkst du, Mutter?« In diesem Moment begegneten sich ihre Blicke und die Mutter antwortete mit unerwartet klarer Stimme: »Das Leben ist kurz.« Die Tochter erinnerte sich nicht an eine solche Direktheit ihrer Mutter. »Und was denkst du über die Menschen in deinem Leben?«, fragte sie interessiert weiter. »Sie waren recht zu mir«, antwortete die Mutter. Das freue sie zu hören, sagte die Tochter und lächelte sanft. »Was denkst du denn heute über dich selbst?« – »Ich bin noch nicht so alt, wie es scheint.« Mutter guckte verschmitzt.

Ein bisschen verrückt war die Tochter schon, aber nicht mehr einsam.

Reflexionen: Geschichten entschlüsseln

Als gedankliche Vorbereitung auf die Reflexionen sollen uns drei prägende Gestalten aus Psychoanalyse und Systemtheorie dienen: Sigmund Freud, Jacques Lacan und Niklas Luhmann.
»In der analytischen Behandlung geht nichts anderes [vor] als ein Austausch von Worten«, so notierte Freud 1916/17 in seinen Vorlesungen zur Psychoanalyse. Lacan hat sechsunddreißig Jahre später diese Tatsache zum Ausgangspunkt genommen, um die Funktion des Sprechens in der Psychoanalyse zu befragen. »Die Psychoanalyse hat nur ein Medium: das Sprechen des Patienten«, schreibt er 1953.
Was, wenn wir das Wort »Sprechen« durch das Wort »Erzählen« ersetzen? Dann sieht es so aus, als wandle sich das Geschehen zwischen zwei Personen zur Kulturtechnik, die sich weit über das Analytische, wie es Freud und Lacan vorschwebte, hinaus erstreckt. »Schon bei einer geringen Aufmerksamkeit auf das, was wir selber sagen«, schreibt der Soziologe und Systemtheoretiker Niklas Luhmann, »wird uns bewusst, wie unscharf wir auswählen müssen, um sagen zu können, was man sagen kann; wie sehr das herausgelassene Wort schon nicht mehr das ist, was gedacht und gemeint war, und wie sehr das eigene Bewusstsein wie ein Irrlicht auf den Worten herumtanzt: sie benutzt und verspottet, sie zugleich meint und nicht meint, sie auftauchen und abtauchen lässt, sie im Moment nicht parat hat, sie eigentlich

sagen will, und es dann ohne stichhaltigen Grund doch nicht tut.« Und wir könnten anfügen: Zuhörer/-innen und reflektierende Deuter/-innen ergänzen dieses Irrlichtern, brechen und bündeln seine Strahlen, fangen es im Gefäß ihrer Aufmerksamkeit.

Und nun zurück zum Fortgang der Geschichten:
Die Zeit ist reif. Für die Erzählerin ist der Moment gekommen, um ihre Geschichten in die Lektüre, Betrachtung und Reflexion zu entlassen, wo sie zum Gegenstand der Wahrnehmung werden. Das Erzählte verabschiedet sich von der Autorin, so wie die Tochter in der Geschichte der Entrümpelung von Mutter, Vater und Großvater am Bahnhof Abschied nimmt, um in den Zug zu steigen und ins Ausland zu reisen. Die Mutter weint. Der Vater gibt ihr nochmals eine Anweisung fürs Leben. Der Großvater empfiehlt ihr die Großstadt, die in seinen jungen Jahren wohl etwas Ähnliches für ihn bedeutet hatte: Trennung von Vertrautem und Aufbrechen mit einer Bagage der Erwartung in unbekannte Gefilde.

»Der verschlossene Umschlag«
Isabelle schreibt ihren ersten Liebesbrief an ihren Schwarm Jorgos. Ihre Lehrerin kommt dem Empfänger zuvor …

Reflexion von Martha Hüsgen-Adler: Dornröschen war ein schönes Kind

Isabelle atmete tief ein und versuchte, sich zu entspannen. Heute hatte sie ihre zehnte Sitzung bei ihrer Lehrtherapeutin, einer Frau mit klugen, warmen Augen, die ihrer Geschichte lauschte und die letzte Sitzung beendet hatte mit der Frage: »Was denken Sie, war die wichtigste Botschaft, die Ihre Mutter Ihnen als Kind gegeben hat?«

Isabelle überlegte: Botschaften, die sie in ihrer Kindheit erhalten hatte … Während der ganzen letzten Woche hatte sie darüber nachgedacht, Bilder waren in ihr aufgestiegen und hatten sich verdichtet, bis sie alles wieder vor sich sah. Diese unsägliche Situation im Klassenzimmer, als Fräulein Trachsel vor der ganzen Klasse ihren ersten Brief an einen Jungen öffentlich verlas, ihn dann zerriss, in den Papierkorb warf und sie selbst einfach nur im Boden hätte versinken können. Abgrundtiefe Scham hatte sie empfunden; so bloßgestellt zu werden vor aller Augen, war einfach unerträglich. Und dann der Verrat der Lehrerin, die den für Jorgos bestimmten Umschlag von seinem Platz genommen, ihn einfach geöffnet und gelesen hatte und sie damit auch noch öffentlich lächerlich machte – Isabelle spürte, wie sich ihr Herz und ihr Magen schmerzhaft verkrampften. Sie kannte dieses Gefühl und mittlerweile verstand sie es als psychosomatischen Ausdruck eines seelischen Schmerzes, den sie mit allen Mitteln von sich fernhalten wollte. Und dieser seelische Schmerz hing mit dem Brief und dem Verrat zusammen. In ihrer Therapie spürte sie das immer deutlicher und obwohl sie ihrer Therapeutin vertrauen wollte, fürchtete sie doch den Schmerz. Fast reflexartig war da der Gedanke: Am besten, ich werde nicht mehr daran denken. Sie wollte diese Blockade endlich verstehen und durchbrechen, auch wenn sie jahrelang ein wichtiger Schutzwall gewesen war.

In einer Sitzung hatte ihre Therapeutin sie gefragt, welches ihr Lieblingsmärchen gewesen sei. Sofort war das Bild vom schlafenden Dornröschen in ihr aufgetaucht. Als Kind war sie fasziniert gewesen von der bösen dreizehnten Fee, die, aus gekränkter Eitelkeit, dem kleinen Dornröschen den Tod durch die vergiftete Spindel voraussagte. Als erleichternd hatte sie empfunden, dass es danach noch einen guten Wunsch einer anderen Fee gab, die den Tod in einen hundertjährigen Schlaf umwandelte und Erlösung durch den Kuss eines Prinzen ermöglichte. Das war damals **ihre** Geschichte gewesen. Wie das schlafende Dornröschen hinter einer immer größeren Dornenhecke, abgeschirmt in einem Turmzimmer, getrennt von der Welt da draußen, so schlafend, abgeschirmt und allein fühlte sie sich oft – noch heute?

Isabelle hatte beschlossen, Psychotherapeutin zu werden. Die Frage, warum Menschen taten, was sie taten, Gutes wie Schlechtes, bewegte sie schon lange, und die Suche nach Antworten hatte sie zum Studium der Psychologie geführt. Dabei war sie auf die Transaktionsanalyse gestoßen. Die Idee, dass Menschen in ihrer Kindheit einen Lebensplan für sich entwickeln, faszinierte sie. Dass dieser Lebensplan sich aus den Botschaften, den Zuschreibungen der Eltern und auch aus dem Modell, das diese vorlebten, zusammensetzte, erschien ihr folgerichtig. Dass auch andere wichtige Menschen, wie zum Beispiel Fräulein Trachsel, ebenfalls wesentliche Botschaften geben, war ihr gerade erst so richtig bewusst geworden. Der Gedanke, dass das Kind den verschiedenen Zuschreibungen nicht nur passiv ausgeliefert ist, sondern dass es selbst Schlüsse aus seinen Beziehungserfahrungen ziehen und Entscheidungen gestalten kann, gefiel ihr, es stärkte die Gewissheit, selbstverantwortlich zu sein. Mit ihrer Therapeutin hatte sie beschlossen, sich ihren unbewussten Lebensplan, auch Skript genannt, in seiner Bedeutung und Tragweite für ihr heutiges Leben bewusst zu machen. Es sollten zunächst einmal die einschränkenden Glaubenssätze und destruktiven Entscheidungen verstanden und dann auch verändert werden. Isabelle war es wichtig, das, was sie in ihrem Leben tat, bewusst und verantwortlich zu tun – als erwachsene Frau, nicht als schlafendes Dornröschen, noch immer verstrickt und verzaubert, versteckt und geschützt hinter der Dornenhecke. Wieder spürte sie, wie sich ihr Herz und ihr Magen schmerzhaft zusammenzogen.

Botschaften? So viele Botschaften hatte die Siebenjährige damals bekommen. Botschaften von ganz unterschiedlicher Qualität: liebevolle, kritische, aufbauende und ängstigende. Botschaften, die ihr Wesen betrafen, ihr Denken und Fühlen, ihr äußeres Erscheinungsbild, ihre Intelligenz, aber auch Botschaften, die beschrieben, wie die Welt da draußen war, was es mit dem Vater auf sich hatte, wie die Mutter zu ihr stand, und dass es ein Geheimnis zwischen den Eltern gab, das hatte sie auch gespürt. Genauso wichtig wie die Botschaften aber war das Fazit, welches sie daraus für sich gezogen hatte, und vor allem, was das alles zu ihrem ganz eigenen Lebensplan beigetragen hatte. Mit ihrer Therapeutin sprach sie in jeder Sitzung darüber und immer mehr wurde ihr bewusst, wie ihr zentraler Satz: »Am besten, ich werde nicht mehr daran denken«, ihr Leben durchzog und welche Tragweite in dieser Aussage lag beziehungsweise wie vieles sich dahinter verbarg.

In der letzten Sitzung hatte sie es so beschrieben: »Damals habe ich mein Herz geöffnet und in die Zeilen des Briefes gelegt. Gewaltsam, gegen meinen Willen, wurde er von jemand Unbefugtem geöffnet und dazu missbraucht, mich lächerlich zu machen und die eigene Machtposition zu stärken – auf meine Kosten. Das war der erste Verrat.«

Viel schmerzlicher noch war die Erkenntnis, dass es einen zweiten Verrat gegeben hatte – den Verrat, den ihre Mutter beging, als sie dem Nikolaus von ihrem »Schatzbrief« erzählte. Die Mutter, zu der sie in ihrer Scham, Verwirrung und Fassungslosigkeit nach jenem Schultag geeilt war und bei der sie dann endlich hatte weinen können. Die Botschaft der Mutter war gewesen: Lass es einfach, es ist nicht weiter schlimm. Wie gerne hatte sie das geglaubt. Sie war von da an in der Schule sehr vorsichtig, trug ihr Herz nicht mehr offen auf der Zunge, hatte gelernt, dass vieles nicht hierhergehörte. Sie hatte verstanden, was richtig oder falsch, erlaubt oder verboten, schicklich oder unschicklich war – die Spuren, die Fräulein Trachsel hinterließ, konnte sie noch heute bei sich erkennen, wenn sie herrischen, dominanten Menschen gegenüberstand und diese seltsame Mischung aus kindlichem Gehorsam, Angst und rebellischem Aufbegehren verspürte. Sie hatte aber auch gelernt, nach außen hin freundlich zu bleiben und auf der Hut zu sein.

Der Verrat der Mutter aber hatte eine ganz andere Qualität. Ihr hatte sie vertraut, von ihr hatte sie sich, wenn auch nicht getröstet, so doch beruhigt gefühlt: »Lass es einfach, es ist nicht weiter schlimm ...« So hatte sie es halten wollen und so hätte es vielleicht auch gut gehen können. Erstmals fühlte sie Wut in sich aufsteigen. Wieso musste die Mutter den Nikolaus, ausgeschmückt wie ein Bischof, schon fast an den lieben Gott heranreichend, vorschicken oder benutzen, um sie noch einmal bloßzustellen? Was war das für eine Botschaft? Sie wollte jetzt darüber nachdenken, wollte spüren und verstehen, was damals mit ihr geschehen war. Nicht mehr daran zu denken, war keine Lösung! Heute würde sie mit ihrer Therapeutin darüber sprechen.

»Wie wäre es, wenn Sie nicht über Ihre Mutter sprächen, sondern es ihr direkt sagten? Stellen Sie sich vor, sie säße hier, Ihnen gegenüber, auf diesem Stuhl, einverstanden?« Der Vorschlag der Therapeutin ließ Isabelle die Luft anhalten – die Szene von damals stand deutlich vor ihren Augen: Nachdem der Nikolaus wieder gegangen war, sammelte die Mutter Nüsse, Mandarinen, Lebkuchen und Zimtsterne ein und gab ihr ihren Anteil. Dann räumte sie die Stube auf. Isabelle holte tief Luft, schaute kurz zu ihrer Therapeutin, die ihr aufmunternd zunickte, und fing an zu sprechen: »Mama, warum hast du das getan? Warum hast du mich verraten?« Ihr kamen die Tränen, aber sie spürte auch den Zorn über den Verrat. Sie sprach aus, was sie damals gefühlt hatte, und beim Aussprechen wurde ihre anfangs brüchige Stimme immer lauter und fester. Ihr Schmerz, die Scham und das Gefühl, völlig unverstanden zu sein – sie fand die Worte dafür. Es tat gut, sie auszusprechen, und es tat auch weh!

»Mama, weißt du, was das für mich bedeutet hat? Nein, du weißt es nicht! Ich bin verwirrt, ich kann dir nicht mehr vertrauen! Ich soll keine Liebe für einen Jungen empfinden, geschweige denn ausdrücken, und ich fühle mich so lächerlich. Und das habe ich für mein Leben mitgenommen, das alles …« Noch vieles mehr sagte sie ihrer Mutter, bis sie ruhiger wurde und eine Weile schwieg. Die Stimme ihrer Therapeutin klang ruhig und stark, als sie sagte: »Vielleicht sagen Sie Ihrer Mutter jetzt einmal, wie Sie es zukünftig damit halten wollen.«

Noch einmal holte Isabelle tief Luft und sagte mit lauter Stimme: »Und ich werde nicht länger schweigen, wenn ich mich ungerecht behandelt fühle! Ich werde zu meinen Gefühlen stehen, und wenn ich mich ungerecht behandelt fühle, werde ich den Mund aufmachen! Ich werde nachfragen, bis ich verstehe. Ich bin nicht länger ein liebes, kleines Mädchen, ich will respektiert werden!« Und ihr Herz schlug kräftig und laut dabei.

Nachbesprechung:
Wie immer sprach Isabelle mit ihrer Therapeutin noch einmal über das, was in der Sitzung geschehen war. Eine wichtige »Skriptszene« war das heute gewesen, in die sie sich noch einmal hineinbegeben hatte. Das Erleben in der direkten Auseinandersetzung mit der Mutter hatte eine völlig andere Qualität als das *Nachdenken* über diese Zeit. Sie war wieder die Siebenjährige gewesen, so wie damals, und die Entscheidung, nicht mehr zu vertrauen, keine Gefühle mehr zu zeigen, alles ins »Unterbewusstsein« sinken zu lassen, indem sie einfach nicht mehr daran dachte – das hatte sie unmittelbar erlebt. Und die Konsequenzen daraus: Sie war scheu und vorsichtig geworden, wenn es darum ging, ihr Herz zu öffnen. Ihr Lieblingsmärchen vom Dornröschen, das hinter der Dornenhecke in seinem Turmzimmer schläft, entsprach genau diesem Erleben. Es war ihr »Skriptmärchen«, in dem sich viele für ihr Leben relevante Themen verdichteten. Auch Männer, die zu ihr durchdringen wollten, verfingen sich in der Dornenhecke. Denn ihr Vater hatte sie ebenfalls verraten. Besser, man schützt sich vor dem Gefühl der Liebe, so war ihre Schlussfolgerung gewesen.

Und heute, in dieser Sitzung, hatte sie begonnen, aus dem Skript auszusteigen. Es war, als sei Dornröschen aus dem Schlaf erwacht, von seinem Lager aufgestanden und habe sich höchst lebendig zunächst der Mutter zugewandt. Isabelle lachte laut, als sie hinzufügte: »Und das alles, ohne dass ein Prinz mich wachküssen musste.« Dann schaute sie ihre Therapeutin an und sagte: »Ich glaube, ich werde in Zukunft beim Küssen sehr lebendig sein!« Und dann sah sie alle noch einmal vor sich:

Fräulein Trachsel, die Mutter, den Vater und den Nikolaus, und noch einmal sagte sie mit einem Lachen in der Stimme: »Ja, ich werde beim Küssen sehr lebendig sein!«

Jetzt wusste sie, wie sich eine *Neuentscheidung* anfühlt, und sie würde dieses zarte Pflänzchen schützen und wachsen lassen. Als sie sich von ihrer Therapeutin verabschiedete, dachte sie bei sich: Die Welt mag ungerecht sein, aber ich werde damit umgehen.

»Der Baldachin«
Seit Langem ist sie mit dem Kopf nicht bei der Sache gewesen.
Dann trifft es sie unvermittelt: ein Unfall mit Totalschaden …

Reflexion von Ulrike und Matthias Sell: »Der Baldachin« als Beziehungsraum

Die Geschichte von *IHR* ist eine wunderbare Darstellung dessen, was wir mit beziehungsorientierten Kategorien beschreiben können. Der transaktionale Zusammenhang einer Begegnung wird in klaren und schönen Bildern vorgestellt. So handelt es sich zunächst um einen scheinbar zufälligen Kontakt, der durch einen Unfall zustande kommt. Das Beziehungsgeflecht, das zur Bewältigung des Unfalls entsteht, also die verschiedenen transaktionalen Reaktionen des Tramfahrers, des Taxifahrers, der Passantin, beschränkt sich auf ein vermeintlich sachliches Geschehen. Gleichermaßen ist es Ausdruck eines kulturellen Vorgangs, der markiert ist durch die geringe Betroffenheit der Beteiligten. Später werden wir sehen, wie sich im Verlauf der Geschichte diese Kommunikation in ihrem Charakter ändert.

Zunächst wird in der Wohngemeinschaft Hilfe angeboten, dann wird in der Schule Lebendigkeit hinzugefügt und schließlich in der partnerschaftlichen Begegnung Intimität. Das Ganze lässt sich als Steigerung eines transaktionalen Austausches beschreiben. Wichtig scheinen aber noch andere Aspekte zu sein, um die Qualität und Innigkeit des Austausches verstehen zu können.

Es sind die atmosphärischen Qualitäten. Ist die Beschreibung und Beobachtung der Menschen noch geleitet von faszinierter Detailbeschreibung wie High Heels, Hotpants und hochgesteckten Haarsträhnen, so ändert sich mit dem Unfall die atmosphärische Darstellung. Es wird kühl, berechnend, ja abwickelnd und unempathisch.
In der Wohngemeinschaft nun wechselt die Stimmung erneut und es entsteht eine wohlwollende, verständnisvolle Atmosphäre, die deutlich die Bezogenheit der Personen aufeinander charakterisiert. Das Atmosphärische wird verstärkt durch die Darstellung der Räumlichkeiten. Es entsteht ein Zusammenhang von Räumen und Personen, schließlich von *Beziehungen*. Der Blick – »Er drehte sich um, um zu sehen, wer da ist« –, dieser erste Blick erfasst mit ungeheurer Schnelle und Präzision einen Moment der tiefen Begegnung zwischen den Leitfiguren, wie sich später herausstellen wird. Dieser anfängliche Blick ist aber erst vor dem Hintergrund der gemeinsam gestalteten Beziehung zu verstehen, denn beide Seiten sind atmosphärisch offen für eine Begegnung. Das heißt, beide ko-kreieren die Situation dieses »Blicks«. Der weitere Verlauf der Begegnung auf dem Schulfest ist dann schon fast der logische Anschluss, es ist die folgerichtige Weiterentwicklung dieses atmosphärischen Vorgangs der gemeinsam hergestellten Beziehungserfahrung.

Die Beziehungsatmosphäre wird definiert als *das intuitive ganzheitliche Erfassen des Anderen und* das *Sich-Beziehen auf den*

Anderen. So können wir verstehen, dass beide mit dem ersten Blick etwas aufgebaut haben, nämlich einen spezifischen Raum der Beziehung und eine spezifische Atmosphäre der Beziehung: Das gemeinsame, improvisierte Musizieren am Festabend der Erwachsenen und anderntags das spielerische Sich-Einlassen auf das Fest der Kinder sind bereits »Folien«, die energetisch in einem geteilten Zusammenhang der entstehenden Beziehung an Bedeutung gewinnen. Die zunächst sensorische, körperliche Stimulation des Blicks wird aufgeladen mit Bildern (Ikonen) und schließlich in der weiteren atmosphärischen Erfahrung als ein ganz spezifisches Merkmal dieser einzigartigen Beziehung symbolisiert, die sich aber zunächst noch als Begegnung darstellt. Dieser Zusammenhang lässt sich bereits als Beziehungszustand erfassen: transaktionsanalytisch gesprochen, als *ein kohärentes System von Gefühlen und Gedanken in Verbindung mit gewählten Mustern von kohärenten Verhaltensweisen.* Sie sind bezogen auf eine bestimmte Situation und kommen in sogenannten *Ich-Zuständen* zum Ausdruck. Die Kohärenz der Gefühle beider Leitfiguren wird zwar nicht direkt erzählt, ist aber beim Lesen spürbar. Auch die Gedanken der Protagonisten werden nicht mitgeteilt, doch der Leserin/dem Leser werden ihre gleichen Interessenlagen deutlich, die z.B. in der Beschreibung von Architektur zu finden sind. Am deutlichsten treten ihre besetzten Ich-Zustände in den verspielten Szenen hervor, da, wo jeweils der Kind-Ich-Zustand beider Figuren offensichtlich hoch aktiv ist, z.B. beim Musizieren und Singen auf dem Fest der Eltern, Lehrer und Freunde oder beim Schminken der Kinder auf dem umfunktionierten Heuwagen. Hier erkennen wir auch die veränderte Atmosphäre. In der Beschreibung des

Unfalls war auch viel Ängstliches enthalten: »*Ihr* war schwindlig«, sagt sie, was in einer solchen Unfallsituation vielleicht ein Gemenge aus Kind-Ich und der angemessenen Angst einer erwachsenen Person sein könnte.

Die Narration läuft nun auf einen Höhepunkt zu. Das Nebeneinander-Schlafen strahlt eine hohe Intimität aus und wirkt zugleich situationsadäquat. Dabei entsteht keine rauschartige, verblendende Situation, sondern es entwickelt sich ein der Stimmung entsprechendes Sich-aufeinander-Beziehen. Dies kulminiert darin, dass *SIE* sagt, sie habe lange nicht mehr so gut geschlafen. Dies zeigt atmosphärisch den Höhepunkt, der sich in Schutz und Ruhe ausdrückt. Diese Atmosphäre der Beziehung lebt in der gemeinsam gestalteten Begegnung, die nun zu einer Beziehung symbolisiert ist und, so ahnt es der Betrachter bzw. die Betrachterin, einen dauerhafteren Charakter erhalten hat.

Schließlich soll nicht unerwähnt bleiben, dass diese Beziehungsentwicklung auch durch viele nicht-sprachliche Momente eine feste gemeinsame Basis gefunden hat: »In der Mitte des Saals war ein Zelt aufgebaut, als wäre hier eine Wiese. Ein Birkenstamm stand wie angewachsen daneben. Das fand *SIE* ziemlich verrückt.«

Die oben angesprochene Beziehungsentwicklung, die in diesem Reflexionsfeld von den beiden Leitfiguren ko-kreativ aufgebaut wird, hätte von gravierenden politischen Bewegungen beeinträchtigt werden können. Auch hätte sie im Spannungsfeld von Freunden, Kindern und anstehenden Aufgaben untergehen können. Doch es scheint, dass weder eine widersprüchliche gesellschaftliche Situation noch geteilte Auffassungen der Freunde über das Kreieren einer autonomen Schule und auch nicht die ganz anderen Vorstellungen von Lebensentwürfen im Elternkreis diese Beziehungsentwicklung zu hemmen vermochten. Zwar war die Beeinflussung der Beziehungsentwicklung der beiden möglich, aber atmosphärisch war das intuitive ganzheitliche Erfassen des Anderen und das Sich-Beziehen auf ihn hier nicht aufzuhalten. So gesehen ist ein Raum, ein Beziehungsraum voller Zärtlichkeit und Schutz entstanden, der transaktional keine direkte Antwort braucht, um zu bestehen: Der Baldachin spricht für sich.

»Dehnen und Strecken«
Hannah verfolgt auf dem Fernseher ihres Krankenzimmers die erste bemannte Landung auf dem Mond ...

Reflexion von Christine Morgenroth: Freundschaft, Körper, gesellschaftliche Umbrüche

Der Text mit dem Titel »Dehnen und Strecken« lässt mich als Leserin zunächst gleichermaßen berührt und ratlos zurück. Welche Geschichte erzählt dieser Text? Wo sehe ich einen roten Faden? Welches sind die offenen Themen und gibt es darüber hinaus einen latenten, verborgenen Sinn, Themen, die eine heimliche, also vor- oder unbewusste Dimension ansprechen? Und wenn ja, wie ist es möglich, sich dieser Dimension anzunähern? Ich versuche einen Kunstgriff und bearbeite den Text hermeneutisch so, wie ich es als qualitative Forscherin mit einer biografischen Erzählung tun würde. Ich sehe ihn an wie ein narratives Interview, das ich mit den Instrumenten einer tiefenpsychologischen Interpretationstechnik, der Tiefenhermeneutik und dem szenischen Verstehen interpretiere. Dieser Ansatz begreift jede Interaktion und jede Erzählung auch als Ausdruck verschütteter Bedeutungen und verworfener Lebenspläne. Szenisch zu verstehen sind also nicht allein lebensgeschichtlich weit zurückliegende Bedeutungen, sondern auch Themen, die das Subjekt mit seiner Gesellschaft, seinem jeweiligen Beziehungsumfeld, also mit historisch nachvollziehbaren Entwicklungen verknüpft.

Was erfahren wir aus dem Text?
Wir hören von der Krankengeschichte einer jungen Frau, Hannah, deren Erkrankung zeitlich genau datiert ist: Während der Mondlandung von Neil Armstrong am 21. Juli 1969 liegt sie nach einer schweren Hüftoperation im Krankenhaus. Bei deren langwieriger Heilung spielt eine weitere Frau, Luzia, als Physiotherapeutin eine wichtige Rolle. Aus der professionellen Beziehung wird eine tragfähige Freundschaft in einer politisch sehr bewegten Zeit (Einführung des Wahlrechtes für Frauen in der Schweiz 1971). Beide sind neben Ausbildung und Berufstätigkeit alleinerziehende Mütter und grenzen sich nachdrücklich-kritisch von der Generation der eigenen Mütter ab. Beide leben ein neues, modernes Frauenleben mit wechselnden Beziehungen zu Männern. Sie unterstützen und helfen sich verlässlich bei der Bewältigung des Alltags. Im Laufe der Jahre verlieren sich die beiden Frauen, deren weitere Lebensgeschichten sehr unterschiedlich verlaufen, ein wenig aus den Augen, bis die Krebserkrankung von Luzia die beiden wieder zusammenführt. Das Ende des Textes bildet Hannahs Totenrede auf Luzias Beerdigung im Jahre 2009. »Danke Luzia, eines Tages komme ich nach.« Die Erzählung umfasst nahezu vierzig Jahre und damit ein ganzes Erwachsenenleben. Was ist in dieser Zeitspanne bei beiden Frauen geschehen? Und welche spezifischen Erfahrungen hatte diese Generation zu verarbeiten, welche Erfahrungen teilt sie auch mit allen vor ihr gewesenen und folgenden Generationen? Wie und in welchem Stil ist diese Erzählung gestaltet?

Zunächst fällt an einigen Stellen die Exaktheit mancher Angaben auf: Mondlandung 1969, Frauenstimmrecht 1971. Viele Passagen sind von eindrücklicher Lebendigkeit (wie der anfängliche Bericht aus der Klinik), andere Details wirken wie beiläufig hingeworfen, etwa die Bemerkung über das Buch von Simone de Beauvoir, das der Protagonistin »die Augen geöffnet« habe und zu einem Bündnis zwischen Frauen führte. Die Leser/ -innen erfahren vieles aus der Biografie und über die Beziehung zwischen den beiden Frauen aus der Perspektive von Hannah, die über ihre Qualen spricht, aber auch von der Schönheit der beiden jungen Frauen berichtet. Die detaillierte Beschreibung der Veranda, die sich auf den Garten mit den Apfelbäumen hin öffnet, benennt den gemeinsamen Ort der beiden: Genuss und Arbeit, Natur und Kultur gehen hier eine bemerkenswerte Verbindung ein – »hier lebt man nach innen wie außen«.

Schon der Titel »Dehnen und Strecken« verweist auf den Körper – es sind genüssliche und wonnige Tätigkeiten, bei denen der Körper zu seinem Recht kommt. Aber auch ganz anderes kommt in den Blick: Die Krankheit und Versehrtheit Hannahs führt dazu, dass nach erfolgter Operation nur dauerhafte Übungen den Körper beweglich, die Hüften gelenkig halten. Dehnen und Strecken sind hier zunächst ganz unmittelbare postoperative Maßnahmen, um Hannah zu einem guten und dauerhaften Heilungserfolg zu verhelfen. Dazu benötigt sie professionelle Hilfe, die ihr von Luzia zuteilwird. Der Körper wird auf diese Weise ins Zentrum gerückt, genauer noch: der Frauenkörper. Zudem geht es um die Beziehung zwischen zwei Frauen, die den

Körper einbezieht, zu der es sogar im Bemühen um den Körper (der einen) erst kommt.

Diese freundschaftliche Beziehung entwickelt sich jedoch in einer besonderen historischen Phase nach dem Zweiten Weltkrieg, die durch das Jahr 1968 gekennzeichnet ist und damit durch zahlreiche gesellschaftliche Umbrüche. Gerade erst ist die Protestbewegung mit ihren antiautoritären Impulsen aufgetreten, die Frauen beginnen in der autonomen Frauenbewegung ein Bewusstsein von ihrer generellen Benachteiligung zu entwickeln, sie beginnen zu sehen, in wie großem Umfang sie als Bürgerinnen zweiter Klasse (wenn überhaupt als Bürgerinnen) gelten. Die international in der Folge der Studentenbewegung schnell anwachsende Frauenbewegung beginnt eine von männlichem Einfluss und von männlicher Macht unabhängige Existenz, eine weibliche Lebensform aus eigenem Recht einzuklagen – und diese Bewegung hat mit ihren Aktivitäten im Laufe der Jahre auch einigen Erfolg. Viele Frauen dieser Generation sind jedoch auch zutiefst verunsichert, was sie mit den nun immer weiter reichenden Möglichkeiten anfangen, wie sie sie nutzen sollen. Einfachste bürgerliche Rechte als Staatsbürgerin, für die der männliche Teil der Schweizer Bevölkerung Jahrhunderte Übungszeit hatte, um kompetent mit ihnen umzugehen, für die Frauen ist es wie ein Sprung in eiskaltes Wasser. Diese Zeit bringt eine extreme Umbrucherfahrung mit sich.
Dehnen und Strecken ist in diesem Kontext auch eine biografische Aktivität angesichts zerborstener Bezugssysteme und Zustände mangelnder sozialer Ordnung. Die herkömmlichen Werte haben für die Menschen ihre Gültigkeit verloren, neue

Werte sind indes noch nicht verlässlich gewonnen und schon gar nicht etabliert und gesellschaftlich anerkannt. Das führt zu einer tief empfundenen Irritation, das Gefühl von Halt und Struktur geht verloren. Jede Frau ist zunächst ganz auf sich allein und vor die Aufgabe gestellt, sich einen eigenen, individuell gültigen Bezugsrahmen zu entwickeln, für ihre persönlichen Anliegen und Werte das passende Bezugssystem hervorzubringen. Der eigene Lebensentwurf wird zum Projekt, dessen Verwirklichung erhebliche zusätzliche Anstrengungen erfordert.

Es zeigen sich demnach vier zentrale Themen, die den Text tragen:
- die gesellschaftliche **Umbruchsituation**, die das Geschlechterverhältnis ebenso wie andere institutionalisierte Regelungen radikal in Frage stellt und somit **kein verlässliches Bezugssystem** hinterlässt;
- das groteske Missverhältnis zwischen technologischen Möglichkeiten (Mann auf dem Mond) und anhaltender Frauendiskriminierung;
- die Bedeutung des **Körpers** (und der Endlichkeit menschlicher Existenz) sowie
- die Bedeutung von **Freundschaft, von nahen Beziehungen** angesichts veränderlicher, gar bedrohlicher Lebensbedingungen.

Umbrucherfahrungen dieses Ausmaßes, wie sie Frauen in den hier thematisierten Jahrzehnten erlebt haben, können alles aufrütteln und verändern, beinahe alle vermeintlichen Gewissheiten erschüttern.

Hier bekommt die Ikone der Frauenbewegung, Simone de Beauvoir, eine besondere Bedeutung. Sosehr sie auch die Unterwerfung der Frau unter patriarchale Gewalt angeprangert hat und gerade den weiblichen Körper und die damit verbundene Gebärfähigkeit zur Ursache der Unterdrückung durch den Mann erklärte (weshalb die Verweigerung von Ehe, Schwangerschaft und Familie ein konsequenter Schritt zur Befreiung der Frau aus der Abhängigkeit sei), so hat sie doch ihr ganzes Leben lang eine hohe Eigenständigkeit, Produktivität und kreativen Eigensinn entwickelt und konnte so zur intellektuellen Partnerin ihres Lebensmenschen Jean-Paul Sartre werden. Übertragen auf eine latente Botschaft dieses Textes heißt das immerhin: Es gibt, wenn gezielt gesucht und konsequent verfolgt, die Möglichkeit eigenständiger, unabhängiger Lebensformen für Frauen.

Auch die beiden Protagonistinnen des Textes, Hannah und Luzia, verwirklichen jede auf ihre besondere Weise den Aufbruch in ein unabhängiges, nicht allein von Mann und Körper definiertes Leben.
Wie gelingt ihnen das?
Unabhängigkeit braucht Schutz und Unterstützung, braucht Anerkennung und Liebe, braucht also auch den anderen Menschen zur Begleitung, zur Verwirklichung. Die tiefe Freundschaft und Zuneigung, ja die tiefe Liebe, die beide Frauen verbindet, stellt eine solche Unterstützung dar – verlässlich und über die gesamte gemeinsame Lebensspanne. Die Bindung beweist sich von Beginn an in der Not, in der Schwäche, die durch Krankheit und Versehrtheit – erst von Hannah, später dann von Luzia – erlebt und erlitten werden muss. Erst in der Schwäche und in

der Bitte um Hilfe, im Bewusstsein der Abhängigkeit von der Unterstützung durch die Freundin, kann der unabhängige Lebensentwurf ganz zu sich selbst kommen. Wenn die wirklich autonome Frau auch Abhängigkeit zulassen kann, wenn es ihr gelingt, die Bitte um Hilfe auszusprechen und die angebotene Hilfe dann auch anzunehmen.

»Die Verbundenheit bleibe über den Tod hinaus« – diese Erfahrung einer tiefen Ver-Bindung prägt beide Frauen gleichermaßen, verändert die mentalen Bedingungen und Strukturen. Verinnerlicht, wird die Freundschaft und mit ihr die andere Person zur Erfahrung von Ich-Erweiterung, sie wird und bleibt Teil der eigenen Ich-Identität. Und in dieser tiefen Seelenverbindung zweier Freundinnen ist der Autonomiewunsch dieser Frauengeneration gleichzeitig aufgehoben und überwunden – aufgehoben im Respekt vor der jeweiligen Lebensform und ihren möglichen Folgen; überwunden im Sinne einer reifen Erweiterung, dass nämlich Autonomie nicht Bindungslosigkeit, schon gar nicht Einsamkeit und Isolation bedeuten muss, vielmehr ein bewusstes und ruhiges Selbst-Sein in Bezug auf den/die anderen Menschen.

Das Thema Körper, und damit auch Krankheit und Sterben, wird sich aus dem menschlichen Leben nicht herausdefinieren lassen, wird immer wieder eine Herausforderung darstellen für intrapsychische und interpersonelle Reifungsprozesse. Denn jede/r stirbt einen besonderen, einen eigenen Tod – die Begleitung Sterbender jedoch bringt auch den Begleitenden einen Entwicklungsschub und lässt sie als Veränderte daraus hervorgehen. Der weitere Verlauf der Erzählung zeigt die Wiederbelebung einer sehr alten, tragfähigen und identitätsstützenden Bindung: »Eines Tages werde ich dir folgen«. Beide Frauen haben lebenslang die verstörende Wirklichkeit der Begrenzung von Schönheit, Gesundheit und Genussfähigkeit erfahren, haben sich in vielfältiger Weise mit diesen Beschränkungen befasst. Sie konnten den Körper nicht als bloße Haftmasse zur Verwirklichung von Lebenszielen oder Idealen begreifen und mussten früh, früher als die meisten Menschen, die Erfahrung von Zerbrechlichkeit und Schwäche, von Todesbedrohung machen. Auch dieses gemeinsame, geteilte Wissen schafft eine Verbindung zwischen ihnen, die einen Halt darstellt über den Tod hinaus.

Der menschliche, in besonderem Maße der weibliche Körper mit seiner besonderen Verletzlichkeit ist eine immerwährende Begrenzung menschlichen Größenstrebens, ja aller Omnipotenzphantasien. Wer gezwungen ist, früh auf diesen Körper zu achten, weil sein Leiden diese Achtsamkeit erzwingt, der wird anders und tiefer geerdet sein. Auch das ist eine Botschaft, die dieser Text aus der Tiefe vermittelt.

»Die Entrümpelung«
Manchmal hat es Jahre gedauert, bis der Traum von der Engnis wieder auftauchte, doch er kam immer wieder zurück – bis sie ...

Essayistische Resonanzen zur Entrümpelung von Ulrich Elbing

H.
Wo bist du
Bist du das
Ferne noch, kein Gefühl
»What's real in the mind, is real in its consequences«
Das alte Leben kehrt als Traum zurück, Traum und Leben verweben sich.

Die unausgesprochene Anweisung ist die wichtigste, es scheint selbstverständlich, dass Tom und Huck zu Shakespeare und Lessing gehören – oder *sind* sie Shakespeare und Lessing? Und deshalb die Wut?
Dem Großvater gehören die Bücher immer noch, alt und ledern wie er. Tot und doch lebendiger Besitz – transzendente Verhältnisse ...
Das Bleiben am Ende des zweiten Traums: Schade. Das wunderbar Schwebende, Changierende, das sich angedeutet hat, ist fort.

... Da ist es wieder, Gott sei Dank, als es um das reale Entrümpeln geht: Die Fotos, die Bücher bringen die Schwebe zurück. Und die Schwebe bringt die (T)Räumerin zu – und ihrem Schwertun mit – sich selbst.

Und ins Schwertun mit der Schwebe hinein ergeht der Ruf des Lebens: die Enkelin.
Ihr kindlich-eifriges Erzählen verlangt nach Weitergeben. Und die Tradition darf sich vollziehen und dabei in der Schwebe bleiben. Es ihr auf die Seite legen: Das Buch liegt für sie da, doch wie? Leihgabe, Teilhabe, Zueignung?

Die Enkelin, das archetypisch junge Leben, be- und ergreift das Schwebende, Offene genauso offen und unbefragt: »Megacool!«

Dann darf und kann auch Ordnung offen sein: Die sublimierte Liebe findet ihren Ort mit zärtlichem »Fuck off!«.

***

Es geht nur scheinbar um Entrümpelung.

Auf Traum (Skript) folgt Gegentraum (Antiskript); ein Trugschluss, der im System gefangen bleibt (eben: »Bleiben«) und der ein schales Gefühl der Enttäuschung hinterlässt – hier bei mir als räsonierendem Leser, aber im Bann des Gegenskripts auch im richtigen Leben.
Und das Eigentliche kündigt sich – auch hier wie im richtigen Leben oftmals – in kleinen Irritationen an und legt so eine keimende Saat in die noch un-/vorbewusste Wahrnehmung des

»kleinen Professors« in uns: Shakespeare und Lessing als Tom und Huck Finn, eine un-gewusste Wut, animistische Besitzverhältnisse bei den Büchern – Verknüpfungen, wie sie kleine Professorinnen und Professoren machen.

Geht die Saat auf? Erlangt die irritierende Botschaft Exekutivkraft im Erwachsenen-Ich? Das scheint mir die eigentliche und kritische Frage.

In der »Entrümpelung« ja: Das Laute und Hohle bröckelt ab. Dadurch entsteht Raum für ein schwebendes, offenes Verhältnis zu sich selbst, mit dem mensch sich schwertut – und genau darin lebendig wird. Und indem mensch darin und damit spielt, als die vielleicht eigentliche Form der Intimität.
Das ist alles andere als Unentschiedenheit oder Beliebigkeit. Und dieses Verhältnis ist anders und mehr als Ambivalenztoleranz. Bei dieser geht es um das Ertragen von Gegensatzspannungen, bei jener um den nicht festgelegten, offenen Raum des Möglichen. Hier grüßt Winnicott über den TA-Zaun. Berne hat dies in seinem Gedanken der Skriptfreiheit so nicht ausgeführt. Er ist zu früh in seinem Leben und vor der Zeit dafür gestorben. Ist das nun ein mögliches Weiterdenken dessen, was Skriptfreiheit meinen kann? Ja.
Und darum geht es eben auch in intensiven persönlichen Entwicklungsprozessen, wie sie sich mitunter durch Therapie begleitet vollziehen: Das Leben spielend (er)tragen lernen und damit existenziell beantworten.

Es geht um Entrümpelung: Das Wesentliche freilegen.

»Der Schutzraum des Heiligen«
*Obwohl der Schlüssel nur ein Ersatz für den Hauptschlüssel war,
beißt sie sich an ihm fest ...*

Reflexion von Georg Pelz: Der Schutzraum des Heiligen oder: Wie hilfreich ein verlorener Schlüssel sein kann

Zunächst bin ich fasziniert von dieser sehr gemüthaften Geschichte mit ihren vielen Facetten.
Das Gemüt ist laut meinem ersten Psychologie-Professor Albert Wellek der Ort der Bindungen. Hier in der Geschichte geht es um viele solche Orte für Abschied, Verlorenes und Wiedergefundenes, Loslösung und Neubeginn. Von daher beschreibt die Erzählung eine sehr aufschlussreiche Situation, die wir in ihren verschiedenen Be-Deutungen anschauen können.

In ihrem Bilderreichtum ist diese Geschichte höchst anregend für die kindhafte Neugier, das intuitive Erfassen und spricht – wie bei einem Traum – viele Ebenen des Verstehens an.

Der rote Faden in den Bildern ist der »Raum«. Äußerlich geht es um Praxisräume, das Geschäft des Fotohändlers, der Blumenladen bis hin zur eigenen Wohnung. Sie alle sind gleichzeitig auch innere Räume des Erlebens, der Lebens-Geschichte, der Begegnungen und Beziehungen. In der Transaktionsanalyse nennen wir solche Räume »Ich-Zustände«. Dazu kommt am Ende der Schutzraum des heiligen Onofre. Doch dazu später mehr.

Die Eingangssituation, transaktionsanalytisch als Initialtransaktion bezeichnet, lautet: »Sie trank ohne Maß«. Das Maß gibt uns das Eltern-Ich vor, das erlernte Wissen um Richtiges und Falsches, Ordnung und Anständigkeit. Der Alkohol hat üblicherweise zwei Wirkungen: Er betäubt die kritischen Stimmen im Inneren und er befreit das Kind von den Fesseln der Bravheit und der Vernunft. Und damit kann ein Geschehen einsetzen, das, vom Unbewussten gesteuert, den ganzen Reichtum der kindlichen Wahrnehmung eröffnet.

Es geht um den Abschied von der Praxis, von einem langen Lebens-Zeit-Raum.
Die Heldin der Geschichte meint, sie habe sich bewusst auf alles vorbereitet – und kommt dennoch ins Sinnieren. Das ist eine klassische Trübung, der wir gerne unterliegen, nämlich die Idee, man könne sich bewusst auf emotional tiefgreifende Ereignisse vorbereiten. Abschiede beginnen mit der Geburt und begleiten uns bis zum Tod. Sie sind also eng verwoben mit unserem – teils unbewussten – Lebensplan. Trotz aller Vernunft, Lebenserfahrung und Planung enthalten sie immer etwas Ungeahntes, das uns in der persönlichen Entwicklung bereichert.

Die Praxis aufgeben ist auch deshalb ein bedeutender Schritt für das Seelenleben, weil ein wichtiger Teil des Selbst einer Veränderung unterworfen wird. Jahrzehntelange intensive Gespräche, die auch uns verändert haben, werden Geschichte.

Die Beraterin/Therapeutin beschreibt anschaulich die Gestaltung des Raumes in seiner Funktion als schützender Ort für die Klienten. Auch hier spielt das Gemüt, das Gemütliche eine große Rolle. Das ist für Klient/-innen sehr wichtig. Damit verbirgt sie aber etwas, nämlich dass es ihr ganz eigener Raum ist, dass die Praxisräume die Gestaltung ihres Ich im Außen sind, wie die Physiognomie eines Menschen, in der man lesen und erkennen kann, mit wem man es zu tun hat.

Somit zeigt der »Zufall« des Schlüsselverlustes auch, im Sinne einer inneren Dynamik, wie schwer es fällt, diese Gesprächsräume, Lebensräume und Beziehungsangebote wirklich loszulassen und in das neue Leben als älterer Mensch einzutreten.
Die Beziehungsdynamik zwischen der Therapeutin und ihren Klienten war und ist geprägt durch die Leitlinie, das Leben der anderen wieder angenehm, leicht, unbeschwert zu machen. Der Arbeitsstil ist damit vom »Machs anderen recht!« geprägt. Der Rückzug aus diesem Leben bedeutet auch, sich zu begrenzen, mehr allein zu sein, und löst damit die Angst vor zu viel Trauer aus, die durch die Haltung des »Sei stark!« kompensiert werden soll. Die Trauer bewältigen macht dann frei für Neues, denn der neue Zeit-Raum des Alt-Seins erfordert ebenso eine kreative Gestaltung wie vorher die Jugend, das junge Erwachsenenalter und das Reifer- und Älter-Werden.

Dann kommt der »Zufall«, das Unbewusste ins Spiel, das mit der Suche nach dem Schlüssel inszeniert, wie der unausweichliche Abschied gelingen kann. Die Frau besucht verschiedene bedeutsame Räume und Personen, die mit der Praxistätigkeit verknüpft sind. Und sie erfährt, wie Personen, die so selbstverständlich über Jahre hinweg da waren, ihren Weggang bedauern. Sie erfährt, dass sie Bedeutung für die anderen hat, und hört deren Wertschätzung für sie, was wir in der Transaktionsanalyse als »Strokes« bezeichnen. Das ist für den Abschied so bedeutsam: Nicht nur die anderen haben in ihrem Herzen Platz, wie sie anfangs schreibt, auch sie hat einen inneren Wohnraum bei anderen, die sie kennen und mögen.

So wird die Suche nach dem Schlüssel zu einer Abschiedstournee, die das Loslassen erleichtern kann.

Faszinierend ist der Reichtum an symbolischen Ereignissen im Umfeld ihrer Suche:
- Ein verloren geglaubter Schlüssel taucht auf – ein Zugang zu Räumen, für die vielleicht früher keine Zeit war und die sich nun erschließen?
- Die wiedergefundenen Pelzreste werden gedeutet als Symbole für das Bedürfnis nach Zuwendung, Streicheln. Gewohnheitsmäßig denkt sie im alten Schema natürlich sofort daran, die Enkel damit zu beglücken. Doch was ist mit dem eigenen Bedürfnis nach Wertschätzung, Lob und Anerkennung, das nun im neuen Lebenszeitalter auch eine neue Form braucht?
- Sie erhält eine neue Geldbörse geschenkt, um auch die kleinen Münzen (kleine Schätze?) ernst zu nehmen und ihnen eine angemessene »Behausung« zu geben.
- Und von ganz besonderer Bedeutung: Der wiedergefundene Familienschmuck, der nicht nur den materiellen Wert widerspiegelt, sondern durch die Erinnerungen, die daran geknüpft sind, eine innere Reise durch die Lebenszeit mit ihren wich-

tigen Ereignissen erlaubt. Eine geplante »Trauerarbeit« hätte nicht schöner verlaufen können. Denn das Wertvolle des bisherigen Lebens bleibt ja erhalten, auch wenn man den Lebens-Raum wechselt.

Der Gipfel des Suchens, das sich als Abschiedsgeschenk erweist, wird mit dem heiligen Onofre erreicht.
Unser Kulturraum kennt genügend ordentliche, himmlische Helfer beim Finden verlorener Gegenstände, sagt auch die Frau im Kopierladen. Aber nein, es muss jemand Bestimmtes sein, weit gereist bis Peru und mit extremer Biografie. Damit muss auch dieser Hinweis Bedeutung haben.
Das reizt gewaltig zum Deuten, nur ist es wichtig, den Bezugsrahmen der Protagonistin und nicht den des Lesers zu befragen. So ließe sich ermitteln, was ihr das Wappen (Hase, Wogen, Kreuzkapelle) bedeuten kann.
Die Aufnahme in den »Schutzraum des Heiligen« gibt so etwas wie den fürsorglichen Segen einer Vaterfigur und könnte zur Befreiung von den kritischen, wenig hilfreichen Stimmen verhelfen, die anfangs der Geschichte mit Alkohol bekämpft wurden.

Eine intuitive letzte Deutung mag ich allerdings geben: San Onofre lebte auch verschiedene Räume, konnte Einsamkeit ertragen und seinen Gott finden. Aber er wird vor allem beschrieben als »wilder Mann«.
Die Frau beschreibt ihre Geschichte wie auch die Praxisgestaltung aus sehr weiblicher Perspektive. Vielleicht ist dieser Teil nun eher ausgelebt und der »Animus«, der männliche Part in

der Frau, möchte in seiner Wildheit, Unkonventionalität und Radikalität seinen Raum bekommen. Denn einer der Vorteile des Alters ist, dass man es sich mehr und mehr erlauben kann, »ungeniert« zu leben und damit die Seiten der Person, die im Berufsleben mit seinen Anpassungszwängen etwas kurz kamen, zu integrieren.

Der Schutzraum des Heiligen erweist sich so als ein Ort des Findens am Ende der Suche nach äußerlich und innerlich Bedeutsamem. Vielleicht gibt er auch den Schutz für zunehmende Freiheit.

»La Strada«
Die Frau kennt die Straße durch den Wald seit über fünfundzwanzig Jahren. Mal ist sie in einem ausgedorrten, mal einem überfluteten Zustand ...

Reflexion von Hans Brunner: La Strada – Per aspera ad astra

»Ohne ein Erdulden der Strapazen gibt es kein Hinkommen.« – Ist das schon ein Skriptsatz? Einer jener Sätze, welche als Lebensregel die Person in ihren täglichen Verrichtungen leiten. Ein Satz, den die Mutter hätte sagen können, als das Kind wieder einmal aufgeben wollte. Hat Mutter da nicht von ihrer Lebenserfahrung gesprochen, von ihrem Wissen, wie die Welt funktioniert, und dass das Kind dies bitte lernen soll? »Per aspera ad astra«, über den Stolperweg zum Paradiesgarten.
Das gilt auch für das Paar, welches inmitten wild wuchernder Natur sich eine Idylle zur Entspannung und Erholung eingerichtet hat. Der Weg zu sommerlichen Düften führt an Kondomen und Tierkot vorbei. Erholung gibt es erst nach den Strapazen, Ordnung erst nach Durchqueren des Unrats. Wer da einmal durch ist, hat Ruhe verdient, ist berechtigt, seine Glieder zu recken und zu strecken, denn auch diese Glieder waren auf der »Strada« gefährdet, hätten leicht brechen können. Nun sind sie ganz geblieben,

Gott sei Dank. Die neuen Götter Italiens leben in Büros und weisen die Gebete ihrer Menschenkinder harsch zurück.
Doch wenn die Götter nichts taugen, ist Autonomie angesagt. Und schon ist die Spannung da: Was ist das Paradies noch wert, wenn es ohne Anstrengung zu bekommen ist? Wenn Autonomie die Probleme löst, was ist dann noch interessant am Leben? Ist die Straße repariert, hört auch die Geschichte auf. Also abwarten. Vorläufig ist die Straße noch, wie sie ist, und die Geschichte kann weitergehen.

Die Frau hat eine gewisse Zeit lang auch Tüten mitgenommen. Hundebesitzer tragen solche Beutel bei sich. Hier geht es aber um den Unrat anderer. Sie ist nicht dafür verantwortlich, aber sie hält sich für zuständig, probiert, Ordnung zu halten. »Try it!«, sagt die Stimme im Kopf, probiers doch wenigstens. Der Erfolg bleibt aus. Das wusste sie schon vorher.

Dann, eines Samstags, wird sie berührt von einem fernen Klang. »So What« aus dem Album »Kind of Blue« von Miles Davis. Aufgenommen am 2. März 1959, wurde das Stück weltberühmt, dann nachgespielt, nachgesungen, nachgepfiffen. Sie lebt wieder in den 1960er Jahren, wird eine junge Frau, zwanzig Jahre alt, fühlt sich wie damals, als diese neue, experimentelle Musik aufkam: modaler Jazz. Miles Davis, ein Zauberer der Musik und voller Kreativität, spielt ganz alleine für sie. Auch der Hund ist still und aufmerksam.
Sich im Stolpern und im Unrat berühren lassen, ist selten, ein gnadenhafter Augenblick, »Kairos« haben die Griechen zu dieser Art erfüllter Zeit gesagt. »Ich – Du« heißt es bei Buber,

»Intimität« bei Berne. Etwas, was nicht herzustellen ist und den Menschen ganz erfüllt, ohne dass es eine Analyse braucht. Nein, die Analyse würde alles zerstören. Ein Zauberer im Wald! Lässig kommt er mit seinem Fiat dahergerumpelt, dieser Miles Davis mit seiner Trompete neben sich, Miles in der Gestalt des Säumers. Ein Hauch von Erotik. Die zwanzigjährige Frau mit ihrem bronzenen Teint hätte das sandfarbene Kleid anziehen sollen. Miles zu begegnen, ist eine Seltenheit. Miles, der Mann mit der Trompete, der Zauberer im Wald. Die junge Frau mit dem falschen Kleid. Ob er für mich anhält und aussteigt? Seine Trompete nochmals auspackt? Was für eine verwegene Fantasie mit zwanzig! Doch Miles' braunes Gesicht, verschwitzt vom Konzert, wandelt sich allmählich, der Zauber gerinnt in einer letzten Höflichkeit, der verschwitzte Säumer fährt weiter. So what!

Eine Woche ist es her, die Welt hat sich verändert! Mist wird interessant. Alles bekommt eine neue Deutung. Mist wird zu Wundern. Kleinkinder greifen fasziniert hinein. Auch beim Kot gibt es Unterschiede. Differenzierung macht aus Exkrementen Reichtum der Natur. Was die einen stört, ist für die andern lebenswichtig. Die Frau verschmilzt mit ihrer Strada. Sie wird Vogel unter Vögeln, Füchsin unter Füchsen, Strauch unter Sträuchern. Es ist wie im Märchen. Es ist wie damals, als sie noch klein war, nahe bei der Erde lebte, räumlich und emotional, alles interessant fand, alles beseelt fand, mit allem sprechen konnte. Man kann auch ins Paradies zurückfallen. Sie sehnt sich nach dem Zauberer und seinen Klängen. Wäre ein Fuchs oder gar ein Wolf gekommen, sie hätte mit ihm sprechen können. Sie ist versöhnt mit der Natur der Straße und auch vorläufig eine Zeit lang mit den Männern, die Ordnung machen sollen. Über Franz von Assisi erzählt man die Geschichte vom Wolf von Gubbio. Franz versöhnt die Stadt Gubbio mit einem Wolf, der immer wieder räubert. Auf Vermittlung des Franziskus hört der Wolf auf zu plündern und die Stadt verspricht, für den Unterhalt des Wolfes zu sorgen. Die Stadt findet so eine Form des Miteinanders von Zivilisation und wilder Natur.

Nochmals fällt ein Vorhang. Die Frau ist alt geworden. Sie meidet die Straße, fürchtet sich hinzufallen, sich zu verletzen. Sie fühlt sich hilflos, braucht nun jemanden, der das alles in Ordnung bringt. Hilft mir denn keiner? Helfer gibts hier in Fülle! Angelo und Massimo werden das machen. Die beiden haben viel erlebt, in schwierigen Verhältnissen gearbeitet. Sie sind die erhofften Retter. Wer wirkungsvoll retten will, lässt sich aber Zeit, spielt seine Hilfe als Möglichkeit aus, lässt Zeit der Hoffnung verstreichen. Aber nun kommen sie endlich, beim schlechtesten Wetter, das man sich vorstellen kann. Sie zeigen, was Männer können. Sie werden dem Wetter trotzen und diese Straße in Ordnung bringen, sie haben schon andere Schwierigkeiten überwunden. Das Paar kann ruhig abreisen.

Und was geht jetzt in der Fantasie des Betrachters vor? Wissen wir nicht, wie solche Dinge ablaufen, wie solche Spiele anfangen und zu Ende gehen? Hat nicht die Frau im Stillen gedacht: Wetten, dass sie es nicht schaffen! Hat nicht das Paar in Venedig spekuliert oder gar gewettet? »Eine Flasche Chianti, dass sie es nicht geschafft haben«, meint die Frau. Der Architetto macht nicht mit, er wettet nicht um Dinge, die er schon weiß. Aber hoppla, da sind wir aus der Geschichte herausgefallen. Das steht nicht im Text. Therapeuten und Berater müssen immer wieder aus den Geschichten herausfallen, die sie hören, denn die Geschichte enthält auch in ihrer Form und ihrem Inhalt das ganze Problem. Dem Beobachter sei also aus Berufsgründen verziehen.

Welchen Namen wollen wir diesem Spiel geben? Nach dem Frust der Krach, nach dem Krach die Anstrengung, nach der Anstrengung die Anerkennung. Sind nicht die Freude und die Anerkennung umso größer, je größer der Frust war? Kommt hier nochmals das Thema »per aspera ad astra« in neuer Form auf?
Jedenfalls: die Straße ist gemacht, die Geschichte kann hier enden.

Doch wir machen die Rechnung ohne das Kind! Das kleine Mädchen will keine glatte Straße, es will eine holprige, eine lustige. Gibt es lustige Straßen? Eine so schön herausgeputzte Straße gibt nichts mehr her. Keinen Zauberer, keine Spiele, keinen faszinierenden Mist. Man würde einfach auf ihr hinauf- und hinunterfahren. Blöd. Fertig. Langweilig. Und noch einmal wendet sich das Blatt. Die Nonna und das kleine Mädchen wollen die Gegensätze zusammenbringen. Gibt es nach der wilden Schönheit der alten Strada vielleicht eine subtile, verborgene? Es braucht die Augen des Kindes und die Intimität der Begegnung. Überall ist sie da, die Wunderblume, man muss sie nur sehen lernen. Kinder können das. Im Schutz des Geheimnisses darf sie neben der Straße blühen. Die Straße ist für alle da, die Blume nur für Nonna und ihre Enkelin. Wer mit dem Auto vorbeifährt, kann sie nicht sehen, nicht ausreißen. Die zwei Welten sind versöhnt: die Welt der Blume und die Welt der Straße. Auch die Schildkröte hat ein paar Schritte gemacht und ausprobiert, wie es ist, auf einer solchen Straße zu gehen. Ihre Vorfahren kannten noch keine Straßen. Nichts für mich! Und sie verschwindet im Dickicht. Sie braucht keine Versöhnung.

»Die Lichtung«
Sie ist vielleicht einsam als Tochter, aber nicht verrückt …

Reflexion von Ute und Heinrich Hagehülsmann: Begegnung

Fragmentarisch ist sie, diese Geschichte. Und doch zeigt sie ein Ganzes, indem sie erzählt, wie eine Frau sich erlaubt zu werden, wer sie ist. Ein Ganzes auch, indem sie von der Erfüllung von Leben erzählt: Da gibt es zum einen die hochbetagte Mutter, die sich am Ende ihres Lebens mit sich und ihrer Tochter aussöhnt. Und da gibt es die Tochter, die in vorgerücktem Alter den Reichtum ihres Lebens erkennt, den sie nicht zuletzt auch durch das »Sosein« der Mutter erworben hat. Beide gehen den Weg des »ganz Werdens«, wobei wir den der Tochter deutlicher gezeigt bekommen. Zunächst weiß sie nur, was sie nicht will. Sie will sich nicht in die Auseinandersetzung der Eltern hineinziehen lassen! Trotzig betont sie ihre eigene Haltung und Sichtweise. Nur der verschüttete Tee zeigt, dass dieser Trotz eine Funktion hat, dass er Schutzwall für eine tiefe Verunsicherung oder einen alten Schmerz ist. Ein Schmerz, vor dem sie sich erneut schützen muss, als sich der Bruder rigoros durchsetzt.
Scheinbar ohne Zusammenhang – eben als Fragment – beschreibt die Autorin die Begegnung mit dem Fremden im Zug. Er ist bereit, ihr einfach zuzuhören, ist interessiert an ihr, so wie

sie ist. Und mit ihrem Erzählen vom vertrockneten Bäumchen kann sie sich offenbaren und damit einer uralten Sehnsucht nachgeben: sich zu zeigen – auch wenn es ein bisschen verrückt erscheint – und damit angenommen zu sein, sich in ihrem »Sosein« wertgeschätzt zu fühlen. Sie offenbart dem Fremden die Sehnsucht nach ihrer Mutter, deren Liebe nicht vereinbar schien mit dem, was der Protagonistin wesensgemäß war. Und sie gewährt ihm einen Blick hinter die trotzige Mauer, mit der sie den Schmerz über diese Unvereinbarkeit in Schach hält. Hier geschieht in der dialogischen Begegnung die Widerspiegelung ihrer Person und Persönlichkeit. In der Akzeptanz ahnt sie eine Erlaubnis für ihr »Sein« und spürt, dass die gewohnte Lebenshaltung, die ungestilltes Bedürfnis und trotzige Selbstbestimmung vermischt, eine Änderung erfahren kann. Indem sie der Zufallsbekanntschaft eine Tür öffnet, findet sie auch einen neuen Zugang zu sich selbst. So kann aus Fragmenten ein Ganzes werden, indem sie die Beziehung zur Mutter ganzheitlich sieht. Indem sie damit beginnt, Verhaltensweisen der Mutter auch positiv zu sehen, gibt die Protagonistin ihren Erfahrungen eine andere Konnotation.

Der Mut, sich zu zeigen und zu sich selber zu stehen, macht häufig den Blick für andere frei. Wenn ich ja zu mir sage, kann ich schauen, wie der andere ist. Wenn ich nicht ja zu mir sage, brauche ich den anderen, um in bestimmter Weise meinen Wert zu bestätigen. Das heißt: Die Protagonistin braucht z.B. das Negativbild der Mutter, um in der trotzigen Abgrenzung Wert gebende Stärke zu empfinden. Und es ist zu vermuten, dass auch die Mutter einst das Kind brauchte, das sie nach ihren Vorstellungen formen wollte, vielleicht damit sie ihren Wert als

»gute Mutter« spüren konnte. Eine solche »gute Mutter« wäre dann dem schützenden Dach der großen Buche ähnlich, die dem Bäumchen gleichzeitig das Licht nimmt, das es zu einer gesunden Entwicklung braucht. Vielleicht ist genau dieser Irrtum einer Licht und Luft raubenden »Liebe« eine der »Sünden der Väter, die sich fortsetzen bis ins dritte oder vierte Glied«, die Sünde, den anderen so zu wollen, wie man ihn braucht, um selber wert zu sein.

Das Erleben, das in der Eisenbahnbegegnung beginnt, diese Öffnung gegenüber sich selbst und dem eigenen Wert, braucht noch einen langen Weg der immer wieder neuen Besuche beim Bäumchen und des immer wieder neuen Dialoges mit der inneren Mutter, die sich in der Pflanze symbolisiert, bis aus dem Erkennen eine neue Haltung erwächst. Dabei hilft es der Leitfigur in unserer Geschichte, sich als Glied in einer Reihe von Frauen ihrer Familie zu reflektieren und zu erleben, indem sie von ihrer gerade geborenen Enkelin erzählt. Vielleicht gelingt in dieser Versöhnlichkeit sogar ein »Durchbrechen der alten Sünden«. Wobei die Aussöhnung nicht immer mit solchen besonders starken Veränderungen in der Wahrnehmung einer bestimmten Person einhergehen muss, wie sie in dieser Erzählung zu Tage tritt.

Obwohl viele Eltern ihren Kindern – meistens aus der eigenen, schmerzlich erlebten Geschichte heraus – tiefste Wunden zugefügt haben und immer noch zufügen, Wunden, die lebenslang schmerzen und zu gravierenden Empfindungen von Wertlosigkeit führen, kann die alte Denkfigur, dass der eigene Unwert das nicht nachvollziehbare Verhalten der Eltern bedinge, im Verstehen und Nachvollziehen verändert oder sogar aufgelöst werden. Das »Sosein« der Eltern bestimmt dann nicht mehr den eigenen Wert. Und je mehr Gespür ein Mensch in dieser Entwicklung für seinen eigenen positiven Wert erlebt, umso leichter kann er die Fragmente zu einem Ganzen zusammenfügen und sagen: »Ja, so war es, und ich bin in Ordnung.« Dass dies nur in der Begegnung mit anderen initiiert und ausgestaltet werden kann, gehört zu uns Menschen. Denn nur der akzeptierende, wertfreie Dialog wird zu jenem Spiegel, der uns erlaubt, uns als Ganzes zu sehen.

Epilog: Der erschlossene Umschlag

Der Umschlag ist geöffnet. Das Terrain des Erzählten und Wiedererzählten ist zugänglich gemacht. Die Entschlüsselungen eröffnen ihren Reichtum. Sie zeigen, wie Lebensgeschichten uns erst seelisch berühren müssen, um dann durch die Vielfalt des menschlichen Widerhalls zum Spiegel zu werden und in der Reflexion Sinn zu stiften. Allerdings sind diese Angebote der Sinnspiegelung nur ein Teil der Möglichkeitsfülle, die in erzähltem Leben schlummert. Eine unerwartete Perspektive aufzeigen, eine Erkenntnis erwirken, eine überraschende Freiheit öffnen und den Horizont erweitern, dies setzt Bewusstheit und Spontaneität voraus, die wir in der Transaktionsanalyse als die Fähigkeit zu einer unmittelbaren sinnlichen Offenheit für die Wahrnehmung im Hier und Jetzt und einem unvoreingenommenen Ausdruck der eigenen Gefühle verstehen (Schlegel 1995). Das achtsame Gestalten in dieser Form von Beziehungsaustausch führt zu Intimität, transaktionsanalytisch verstanden als offene, aufrichtige Beziehung in Wertschätzung und Respekt. Sollte das vorliegende Buch Schritte in diese Richtung eingeleitet und Anstöße für eine solche Erzählkultur zwischen Menschen gegeben haben, wäre sein Ziel erreicht.

Literaturhinweise

Simone de Beauvoir: *Das andere Geschlecht, Sitte und Sexus der Frau.* Übers. von Uli Aumüller (erstes Buch) und Grete Osterwald (zweites Buch). Rowohlt Taschenbuch, Reinbek bei Hamburg 1992, 2012

Inger Christensen: *Das Schmetterlingstal/Sommerfugledalen.* Übertr. von Hans Gössel, Suhrkamp Verlag, Frankfurt am Main 1998

Marguerite Duras: *Der Liebhaber.* Aus dem Französischen von Ilma Rakusa, Suhrkamp Verlag, Frankfurt am Main 1985

Sigmund Freud: *Vorlesungen zur Einführung der Psychoanalyse* (1916/17). GW XI, Suhrkamp Verlag. Frankfurt am Main 1999, S. 9

André Gorz: *Brief an D. Geschichte einer Liebe.* Übers. aus dem Französischen von Eva Moldenhauer, Rotpunktverlag, Zürich 2007

Durs Grünbein: *Liebesgedichte.* Insel Verlag, Frankfurt am Main, Leipzig 2008

Ernst Jandl: *Laut und Luise.* Reclam Verlag, Stuttgart 1976

Jaques Lacan: *Funktion und Feld des Sprechens und der Sprache in der Psychoanalyse* (1953), Übers. K. Laermann, in: Schriften 1, Suhrkamp Verlag Frankfurt am Main 1975, S. 71-169, S. 85

Niklas Luhmann: *Aufsätze und Reden*. Hrsg. v. Oliver Jahraus, Reclam Verlag, Stuttgart 2001, S. 108

Ökumenisches Heiligenlexikon: *Onuphrios »der Große«*. URL: http://www. heiligenlexikon.de/ BiographienO/Onuphrios.html

Mark Twain: *Tom Sawyer und Huckleberry Finn*. Hrsg. und neu übers. von Andreas Nohl, Hanser Verlag, München 2010

Wikipedia: *Onuphrius*. URL: de.wikipedia.org/wiki/Onuphrius

Transaktionsanalyse

Leonhard Schlegel: *Die Transaktionale Analyse. Eine Psychotherapie, die kognitive und tiefenpsychologische Gesichtspunkte kreativ miteinander verbindet*, UTB für Wissenschaft: Große Reihe, Franke, Tübingen, Basel 1995

Ders.: *Die Transaktionale Analyse*. Manuskript bearbeitet und gestaltet durch Richard Jucker. Deutschschweizer Gesellschaft für Transaktionsanalyse (DSGTA), Zürich 2011

Die Autorinnen und Autoren

Hilde Anderegg Somaini, Zürich. Studium der Sozialarbeit. Lehrberechtigtes Mitglied der Schweizerischen und Internationalen Gesellschaft für Transaktionsanalyse unter Supervision, PTSTA of SGTA, ITAA sowie Supervisorin/Coach BSO bis 2009. Gründungs- und Leitungsmitglied des Eric Berne Instituts Zürich für angewandte Transaktionsanalyse (1991–2004). Dozentin an der Fachhochschule für Soziale Arbeit Zürich (1990–2003). Rund 25 Jahre eigene Praxis für Beratung und Bildung. Veröffentlichungen im Tätigkeitsbereich Beratung.

Hans Brunner, Basel. Studierte Physik und war zwölf Jahre Gymnasiallehrer. Danach leitete er eine Organisation für Erwachsenenbildung. Nach einer mehrjährigen Weiterbildung zum Transaktionsanalytiker (CTA) arbeitete er freiberuflich als Berater für Einzelpersonen und Non-Profit-Organisationen. Er ist Mitbegründer des Eric Berne Instituts Zürich für angewandte Transaktionsanalyse. Heute ist er pensioniert und beschäftigt sich mit Philosophie und Systemtheorie. Er ist verheiratet und hat drei erwachsene Kinder.

Ulrich Elbing, Schwäbisch Gmünd. Psychologischer Psychotherapeut und lehrender Transaktionsanalytiker. Schwerpunkt: Schwere Verhaltensstörungen in Verbindung mit psychotischen und psychotraumatischen Erlebensweisen bei Menschen mit geistiger Beeinträchtigung. Seit 2002 Professor für Kunsttherapie-Forschung an der Fachhochschule für Kunsttherapie in Nürtingen. Veröffentlichungen in beiden Tätigkeitsbereichen.

Heinrich Hagehülsmann, Rastede-Ipwege. Diplom-Psychologe, Psychologischer Psychotherapeut, Supervisor (BDP), Mentor und Coach für Führungskräfte, Lehrberechtigtes Mitglied der Transaktionsanalyse unter Supervision (PTSTA of DGTA, EATA, ITAA). Zahlreiche Veröffentlichungen alleine und gemeinsam mit Ute Hagehülsmann, in denen er die Beziehungsorientierte Transaktionsanalyse zunehmend auch im öffentlich-gesellschaftlichen Raum vertritt.

Ute Hagehülsmann, Rastede-Ipwege. Diplom-Psychologin, Psychologische Psychotherapeutin, Supervisorin (BDP), Beraterin für Veränderungsprozesse, Coach für Führungskräfte, Lehrendes Mitglied der Transaktionsanalyse (TSTA of DGTA, EATA, ITAA). Zahlreiche Veröffentlichungen alleine und gemeinsam mit Heinrich Hagehülsmann, in denen sie die Beziehungsorientierte Transaktionsanalyse zunehmend auch im gesellschaftspolitischen Raum vertritt.

Martha Hüsgen-Adler, Pirmasens. Fachärztin für psychosomatische Medizin und Psychotherapie in eigener Praxis. Auf die Transaktionsanalyse stieß sie 1977 und blieb mit Begeisterung dabei. Als lehrende Transaktionsanalytikerin und Supervisorin ist sie neben ihrer Tätigkeit in der Weiterbildung u.a. seit vielen Jahren bei den Lindauer Psychotherapiewochen mit dem

Schwerpunkt »Skriptanalyse« aktiv. Zum Thema »Narzissmus« hat sie in der Zeitschrift für Transaktionsanalyse veröffentlicht.

Christine Morgenroth, Hannover. Professorin für analytische Sozialpsychologie am Institut für Soziologie und Sozialpsychologie der Leibniz Universität Hannover. Schwerpunkte in Forschung und Lehre: Gesellschaftsstruktur und Subjektivität, Marginalisierungsprozesse, qualitative Forschungsmethoden. Zahlreiche Veröffentlichungen, zuletzt u.a. zur Therapie suchtkranker Jugendlicher. Transaktionsanalytikerin im Bereich Psychotherapie seit 1988.

Georg Pelz, Regensburg. Diplom-Psychologe und Psychologischer Psychotherapeut. Arbeit als Psychotherapeut in freier Praxis, als TA-Lehrender in Ausbildung und Supervision und als Dozent in der Erwachsenenbildung. Besondere Interessengebiete: Körperarbeit, Intuition und Traumarbeit. TA-Status: TSTA-P. Zahlreiche Veröffentlichungen.

Matthias Sell, Hannover. Psychologischer Psychotherapeut, Lehrberechtigter Transaktionsanalytiker (TSTA), P, O, C und E (DGTA, EATA, ITAA), Lehrsupervisor und Ausbilder für Supervision (EASC). Leiter des Instituts INITA gGmbH. Lehraufträge und Gastdozenturen an den Universitäten TU Berlin, Hannover, Hochschule Hildesheim. Veröffentlichungen zu psychosozialem Lernen, Relationaler Transaktionsanalyse und Beziehungsanalyse mit Schwerpunkt auf narrativen Formen der Behandlung.

Ulrike Sell, Hannover. Studium der Germanistik, Psychologie und politischen Wissenschaften. Ausbilderin für Supervision und Coaching (EASC). Stellvertretende Geschäftsführerin des Instituts INITA gGmbH. Lehrende Transaktionsanalytikerin im Bereich Beratung/CTA-Trainerin (DGTA, EATA). Ende der 1970er Jahre am Schauspiel Frankfurt am Main tätig, entdeckte dort (wieder) die Liebe zu Geschichten und dem Erzählen.

Danksagung

Die Autorin bedankt sich bei den Co-Autorinnen und -Autoren, ohne deren Engagement und Bereitschaft zum Dialog das Buchprojekt so nicht hätte verwirklicht werden können. Mein Dank gilt ebenso Michel Mettler für die wertschätzende lektorierende Begleitung. Last but not least bedanke ich mich bei meinem Mann Enrico Somaini für die Ermutigung und Liebe, die ich auch während der Phasen des Zweifelns im Schreibprozess erfahren durfte.